C
DE
DE (

« *Spiritualités vivantes* »

PASCAL FAULIOT

Contes et récits des arts martiaux
de Chine et du Japon

Préface de Michel Random

Nouvelle édition

Albin Michel

Albin Michel
■ *Spiritualités* ■

*Collections dirigées
par Jean Mouttapa et Marc de Smedt*

D'une extrémité de son arc
L'archer perce le Ciel
De l'autre, il pénètre la Terre.

Tendue entre les deux
La corde lance la flèche
Au Cœur de la Cible visible
Et invisible.

*Les contes
de la sagesse merveilleuse
et la danse du vide*

Il est toujours heureux de voir apparaître un nouveau livre qui, d'une manière détournée, par le conte ou la poésie, enseigne la sagesse. La tradition japonaise comme toutes les traditions authentiques est extrêmement riche en contes et récits de toutes sortes. La tradition bouddhiste ne manque pas non plus d'apporter son lot de contes et de merveilleux.

En choisissant de rassembler les contes et récits des Arts Martiaux, Pascal Fauliot a fait quant à lui œuvre d'adaptation. Il ne faut pas, dans les textes qu'il nous présente, chercher plus qu'une agréable et intelligente manière de mettre en exergue des événements et des récits qui sont parfois authentiques, c'est le cas des souvenirs d'Eugen Herrigel à propos du grand maître du tir à l'arc Awa, ou de ceux concernant le fondateur de l'aïkido : maître Ueshiba. Qu'il s'agisse de la réalité ou du merveilleux, il est difficile, dans ce monde subtil et un peu magique des grands maîtres, de savoir où l'histoire s'achève et où commence le conte. Il est évident que « l'ultime secret » n'est jamais vraiment transmissible, et que néanmoins celui qui veut peut soit comprendre ou être initié, soit « voler » le secret, comme ce fut le cas pour le jeune Yang Lu Chan, au XIXe siècle, qui parvint à pénétrer dans la famille du maître Chen Chang Hsiang qui détenait le secret d'une forme de combat à mains nues, désormais connu sous le nom de Tai-chi. Un jour, alors que Yang, engagé comme domestique, suivait en cachette les leçons du maître, il fut surpris par lui. Nul n'avait jamais réussi à violer le secret d'un enseignement plusieurs fois centenaire. Il risquait évidemment la mort. Mais le maître comprit que Yang agissait par un désir réel d'apprendre. Il compléta son enseignement et par la suite Yang, devenu à son tour un grand maître, fit en partie connaître les secrets de ce qui est sans doute le plus grand de tous les Arts Martiaux.

Tous ces contes ou récits possèdent un enseignement constant : nous voyons aux prises l'esprit rationnel, le désir d'efficacité tout à coup pris à son propre piège. Sous-jacente à la réalité, une autre réalité apparaît, une efficacité presque absolue se manifeste, et celui qui croyait agir ou frapper est subtilement vaincu ou atteint dans ses profondeurs. Ainsi nous voyons tels garnements qui attaquent un maître du Tai-chi se trouver mal parce qu'ils ont agressé un homme, qui, apparemment, s'est laissé faire ; le maître Awa voulant illustrer combien, l'essentiel étant acquis, l'efficacité est donnée de surcroît, plante une flèche dans une cible au fond d'un hall sans lumière puis tire une seconde flèche qui vient fendre la première. De même, la force agile de tel vieux maître vient à bout de la fougue impétueuse d'un jeune samouraï. Nous pourrions multiplier les exemples à l'infini, on s'en doute. Ces histoires ont pour but de nous faire comprendre que le seuil à atteindre et la vérité à comprendre ne sont jamais évidents, que la véritable efficacité est le plus souvent secrète et cachée, voire volontairement dissimulée, car le comble de la vraie connaissance est de se jouer d'elle, de feindre que l'on ne sait rien. J'ai personnellement connu quelques vrais maîtres qui apparemment pouvaient être confondus avec les personnages les plus communs. Cette tradition très vive, en particulier dans le monde du soufisme en Islam, est devenue en fait une caractéristique essentielle du soufisme même. Car très souvent il est dit qu'un « pîr », un maître, et plus encore, le maître des maîtres, le « Pôle », doit rester inconnu et parfois inconnu à lui-même. Car l'humanité est parsemée d'êtres dont la qualité intérieure est un champ de force déterminant pour le bienfait et la sauvegarde de la vie. Ces êtres qui sont des centres spirituels sont là pour créer autour d'eux

11

des influences bénéfiques propices à maintenir ou à transmettre la tradition secrète.

La force de l'immuable, la compréhension de ce qui est hors du temps, la force de l'Un incluse dans les formes mouvantes de la pensée, la puissance libre et centrée dans un être délivré du désir et de la peur, telles sont les quelques qualités qui permettent à l'esprit d'être libre et d'agir avec la plus soudaine efficacité. Mais encore une fois c'est non pas l'idée d'un entraînement progressif qui est illustrée, mais l'idée qu'à chaque heure du jour, à chaque instant de la vie, cette claire conscience doit être présente. Nous voyons une telle idée exprimée dans maintes histoires ; celle du grand maître Toda Seigen affrontant Umedzu, le champion d'escrime, rappelle le combat que Miyamoto Musashi dut livrer contre un autre samouraï impétueux, Sasaki : dans les deux cas c'est le calme et la maîtrise de soi qui triomphent, non sur une force brute, car il s'agit malgré tout d'adversaires qui sont des maîtres, mais sur une force insuffisamment maîtrisée et comprise. C'est ici qu'apparaît cet esprit subtil qui est le secret des secrets : plus on descend (ou l'on monte) dans la connaissance, plus se découvre cet infinitésimal, ce rien qui ne pèse sans doute pas plus qu'un regard ou qu'une pensée, voire moins que cela et qui est la source de toute essence, donc de toutes les puissances. C'est la découverte que la qualité la plus fine n'est encore jamais l'ultime qualité, il en existe une sans cesse cachée ou voilée. C'est dans ce monde de l'infiniment subtil, de l'inexprimable, que se déroule le véritable combat. Quand chez un grand maître l'unité est réalisée, alors c'est le Vide lui-même qui agit. Le moi est effacé, mais la force de l'univers, la force cosmique dans son mouvement éternel, qui n'est d'aucun temps et qui n'a aucunes limites, cette force que rien ne peut ni concevoir ni nommer agit souverainement.

Tel est l'ultime secret de tous les secrets. Les contes et le merveilleux qui s'y attachent nous disent qu'il existe ou qu'il a existé des êtres qui, ayant compris ces principes de l'Absolu, les ont incarnés ici-bas. Sans doute tout est relatif et un grand maître peut encore trouver plus grand que lui. Mais il est un domaine où la compétition cesse, où plus rien ne devient car tout est. C'est un point stable, un centre qui existe dans chaque être et qu'il n'est pas impossible de réaliser, car il ne demande rien de ce qui n'est déjà en l'homme : une ouverture à l'infinie sagesse du dedans, une ouverture qui laisse éclore et s'épanouir ce qui est, une sagesse libre qui, comme celle de ces maîtres fascinants, fait bouger les gestes, les doigts, les petits bâtons, les plus infimes choses, comme la danse même du Vide.

Michel RANDOM

UN HÉRITAGE
MILLÉNAIRE

Le message des contes

Pour tenter de faire pressentir l'inexprimable, les Maîtres ont de tout temps utilisé la vertu magique des contes. Il n'y a donc rien d'étonnant si les récits des Arts Martiaux véhiculent le sens profond de ces disciplines qui constituent avant tout une École de Vie.

Le plus surprenant réside dans le fait que les histoires rassemblées dans ce livre sont, pour la plupart, tirées de faits authentiques. Ainsi, leur impact est-il plus percutant : elles sont la preuve que la vie recèle un mystère, un secret que nous ne soupçonnions pas. Nous faisant goûter à la saveur d'une dimension inconnue, elles témoignent que l'incroyable n'est pas impossible, que l'extraordinaire peut se mêler au quotidien.

N'étant pas des leçons de morale, ces récits exemplaires n'ont rien à démontrer. Leur but est autre : provoquer des questions qui n'ont que la pratique pour réponse.

L'Art d'arrêter la lance

Les véritables Arts Martiaux ne peuvent pas être confondus avec de simples sports de combat. Souvent, un signe, un symbole, exprime plus qu'un long discours. Les idéogrammes pour désigner l'Art Martial sont identiques en Chine et au Japon. Seule la prononciation diffère : les Chinois disent Wu-Shu, les Japonais Bu-Jutsu. « Art Martial » ou « Art de Combat » est une traduction qui trahit un peu l' « esprit » de l'idéogramme originel qui se décompose en deux caractères : « arrêter » et la « lance ». Originellement compris comme l' « Art d'arrêter la lance », l'Art Martial prend ainsi sa signification essentielle. D'autant plus que cette formule peut s'interpréter à la fois comme l' « Art d'arrêter la lance de l'adversaire » et l' « Art d'arrêter sa propre lance ». Le grand Art de la pacification extérieure et de l'harmonie intérieure.

L'Art et la Voie

Dans les civilisations anciennes, dont il existe encore des témoignages bien vivants en Orient, les Arts traditionnels débouchent sur une Voie qui permet à l'homme, au prix d'un apprentissage long et difficile, d'approfondir son expérience de la Réalité et de lui-même. Peu à peu, l'apprenti découvre les lois qui régissent les forces subtiles dont la vie est tissée, et, il apprend que la qualité de ses œuvres dépend de ce qu'il peut maîtriser lui-même, de ce qu'il est. Son travail extérieur devient le support d'une métamorphose intérieure.

Ceci est à l'origine d'une confusion qui nous fait croire que le « Kung-Fu » est la « boxe chinoise ». Pour désigner leur Art de combat à main nue les Chinois disent Chuan-Shu, « l'Art du poing ». Kung-Fu exprime quant à lui l'effort conscient, l'entraînement persévérant en vue de réaliser une œuvre d'Art ou de parvenir à la maîtrise de soi. La confusion provient donc des rapports étroits qui existent en Chine entre les Arts Martiaux et l'accomplissement de l'être humain. Mais loin d'être utilisé exclusivement pour les Arts de combat, le terme Kung-Fu sert à exprimer le niveau d'un homme dans n'importe quel domaine. Pour dire qu'un calligraphe exécute un travail de qualité, les Chinois disent que son « Kung-Fu » est très avancé.

Au Japon, il existe la Voie de la calligraphie (Sho Do), celle de la cérémonie du thé (Cha Do), celle de l'arrangement des fleurs (Ka Do), en fait, une Voie pour chaque Art ancien. L'Art du Combat n'échappe pas à la règle : le Bu Do désigne le sentier abrupt qui serpente au cœur des Arts Martiaux. Escarpée est cette voie du combat. La présence de l'adversaire exige la présence de soi dans le moindre geste qui devient ainsi une question de vie ou de mort. Une faille dans la concentration, un décalage entre l'esprit et le corps ne pardonnent pas dans un combat réel et ne sont pas non plus sans risque à l'entraînement. On découvre vite que l'adversaire le plus dangereux n'est pas à chercher ailleurs qu'en soi-même. La Voie du combat revêt ainsi un tout autre sens.

Dojo signifie en japonais « le lieu de la Voie ». On y pratique le Budo. Équivalent à un temple, le Dojo est un espace sacré dans lequel on vient recevoir un enseignement, s'exercer et se régénérer. Mais le Budo, répètent les Maîtres, ne se pratique pas qu'au Dojo. Il constitue un Art de vivre qui s'expérimente à chaque instant.

Le véritable Dojo, ajoutent les Maîtres, est celui que le disciple doit se bâtir dans son cœur, au plus profond de lui-même.

La genèse des Wu-Shu

L'origine des Wu-Shu, les arts martiaux chinois, reste insondable. Le Chuan Shu, l'Art du Combat à main nue, est actuellement le plus renommé. Ses traces n'en remontent pas moins au IIe millénaire avant J.-C. Des poteries et des fresques datant de 1400 avant notre ère représentent des techniques de combat utilisant poings et pieds. Très tôt, peut-être même depuis le début, il semble que le Chuan Shu ait été une discipline complète, comme en témoignent indiscutablement les attitudes représentées sur un parchemin de la dynastie Han (202 av. J.-C.). On y voit effectivement aussi bien des techniques martiales et thérapeutiques qu'une gestuelle symbolique et sacrée.

Le Chuan Shu et le Taoïsme, la Voie initiatique chinoise, sont intimement liés, aussi loin que remontent les légendes. Nombreuses sont celles qui font remonter la création d'une école de combat à un Adepte du Tao. L'histoire officielle le confirme puisque les annales conservent le souvenir du célèbre médecin taoïste Hua To (220 av. J.-C.) qui avait créé une méthode fondée sur le comportement de 5 animaux, en relation avec les 5 éléments de l'Alchimie chinoise.

Mais, dans la légende, la plus grande place revient à un moine bouddhiste qui transportait dans sa besace une méthode révolutionnaire.

A l'école de Bodhidharma

Damo, plus connu sous le nom de Bodhidharma (l'Illuminé), fut un moine indien qui parcourut la Chine au début du VIe siècle pour y rénover le bouddhisme en pleine décadence. Le courant réformateur * qu'il initia prit le nom de Chan et devint au Japon le Zen.

Après avoir voyagé pendant la plus grande partie de sa vie, le patriarche du Zen se fixa au monastère de Shaolin. Constatant dès son arrivée à quel point les moines du monastère étaient incapables de se concentrer pour méditer, il n'eut pas de mal à en découvrir la cause : ceux-ci étaient affaiblis par des exercices ascétiques, des discussions doctrinales sans fin et surtout, ils avaient abandonné toute pratique physique. Afin de rétablir leur santé et de permettre une union harmonieuse entre le corps et l'esprit, source de toute évolution spirituelle à ses yeux, Bodhidharma leur enseigna des mouvements issus pour une bonne part des Arts Martiaux indiens et chinois qu'il avait lui-même perfectionnés au cours

---

* Basé sur la pratique de la posture de méditation par laquelle le Bouddha parvint à l'Eveil, posture immobile et droite, tenue assise jambes croisées en lotus ou demi-lotus, l'attention concentrée sur l'expiration longue et profonde poussée dans le Hara, cette zone appelée aussi Kikai Tanden : l'océan de l'énergie, et qui se trouve à trois largeurs de doigts en dessous du nombril. Les pensées qui passent comme des nuages dans le ciel ne doivent pas être entretenues. Voir : *Questions à un maître Zen, la Pratique du Zen* et *Zen et Arts martiaux* par le Maître Taisen Deshimaru aux éditions Albin Michel, collection « Spiritualités vivantes ».

de ses longs et périlleux voyages. Cette méthode, complétée par des techniques de Hatha Yoga, prit le nom de I Chin Ching.

Le monastère de Shaolin devint par la suite la plus célèbre école de Wu-Shu. Les moines qui s'y succédèrent ne cessèrent pas de pratiquer et de perfectionner l'Art du Combat. La leçon de Damo semble avoir porté ses fruits.

L'art des moines de Shaolin fut enseigné pendant des siècles à l'ombre des murs du monastère. Seuls les moines y étaient initiés mais certains d'entre eux quittèrent le Shaolin pour aller enseigner leur art dans d'autres monastères ou, parfois, à des laïques. Peu à peu, le Shaolin Pai finit par se populariser et cela s'accentua après la destruction du monastère en 1723.

Les Arts Martiaux chinois portent encore l'empreinte du monastère. Le style de combat le plus répandu en Chine fut et demeure le Shaolin Pai. Mais difficilement compris par la masse des pratiquants, l'Art dégénéra chez beaucoup en une simple méthode de combat, utilisant plus la force musculaire que les qualités internes.

Déçus par cette décadence, quelques pratiquants se tournèrent vers les styles dits « internes », les arts du Nei Chia, mis au point et transmis au sein des cercles très fermés des adeptes taoïstes.

L'Art de la Main Souple

La légende affirme que le rénovateur du Chuan Shu, l'Art du poing, et l'initiateur des styles « internes » aurait été un ascète taoïste au nom mystérieux de Chang San Fong, le Maître des Trois Pics. Certainement héritier d'une tradition millénaire, qu'il aurait reprise et adaptée, ce sage passe pour avoir donné naissance au Wu-Tang Shu, « l'Art de la Main Souple », ancêtre présumé du Tai Chi Chuan.

Traduit généralement par « l'Art du Poing Suprême » ou la « boxe ultime », le Tai Chi Chuan est souvent considéré comme une simple gymnastique thérapeutique qui n'aurait d'intérêt que pour les femmes et les vieillards ! Il est certain que les apparences sont trompeuses : pendant des années les mouvements sont exécutés très lentement. Pourtant, plus d'un expert redoutable a amèrement regretté de s'être frotté à un Maître de Tai Chi. Le secret de cet Art est dans son nom : la traduction littérale signifie en effet l' « action » (Chuan) de l'énergie (Chi) dans le corps (Tai). Véritable Voie de l'alchimie taoïste, le Tai Chi Chuan livrerait au chercheur patient la clé de la science des énergies. D'où une certaine invulnérabilité... à condition de ne pas oublier que l'un des noms donné à cet Art est « la Lutte contre son ombre ».

Le second style « interne » est le Pa Kua qui tire son nom des 8 trigrammes, les 8 éléments primordiaux selon le Yi King, le Livre des Mutations, « bible » des Taoïstes. Ces 8 trigrammes sont souvent représentés autour du cercle qui contient harmonieusement les symboles du Yin (passivité) et du Yang (activité). Le créateur de cet Art est bien entendu un ascète taoïste. Très proche du Tai Chi, le Pa-Kua enseigne la Science de l'énergie à travers des mouvements circulaires et continus. Le début de l'apprentissage se fait sur un rythme très lent et au fil des années il est accéléré jusqu'à atteindre une étonnante rapidité, rendue possible par le développement de la souplesse et de la fluidité.

Hsing I signifie la « forme, l'action de l'esprit ». C'est le nom du troisième grand Art « interne ». La recherche de l'harmonie du corps et de l'esprit est la même que dans les styles précédents. Seul le travail gestuel diffère : il repose sur un plus grand usage de mouvements linéaires et discontinus, comme dans le Karaté japonais.

Parallèlement, d'autres styles de l'Art du poing se développèrent. Certains ont dégénéré rapidement en méthodes dites « dures » et « externes », où la force prime. D'autres se rapprochent des écoles « internes ».

Certains styles, aux noms évocateurs, méritent d'être cités : le style du « héron blanc », celui de la « mante religieuse », « des serres de l'aigle », « du printemps radieux », l'art du « labyrinthe », de « la trace perdue », des « 8 divinités éméchées » ou de « l'homme ivre ». On notera que les Chinois ont trouvé une grande inspiration dans l'étude de la Nature. Des centaines d'écoles portent le nom d'un animal que les pratiquants prennent comme modèle. La plupart des styles étudient de toute façon les attitudes et les mouvements de différents animaux. Le modèle idéal est bien sûr le dragon, qui tient à la fois du tigre et du serpent, de la force et de la souplesse, de la fermeté et de la fluidité.

Autre point commun : toutes les écoles utilisent des tao qui, comme les kata japonais, sont des enchaînements de mouvements. Ils constituent non seulement un entraînement pour le combat mais aussi une gestuelle symbolique, un exercice de concentration.

Nombreuses et diverses sont les armes utilisées dans les Arts Martiaux chinois : sabre, épée, lance, bâton, fléau, hallebarde, faux, etc. De nombreuses écoles de l'Art du poing complètent leur enseignement par le maniement des armes qui sont considérées comme le prolongement du corps et donc comme un excellent moyen de s'en rendre maître.

Si le héros à main nue demeure le plus populaire en Chine, les Japonais semblent quant à eux lui préférer le Maître de sabre, le samouraï.

Le Budo et les Bujutsu

A plus d'un titre, les Arts Martiaux japonais sont les héritiers de ceux de Chine. La civilisation japonaise, bien que fortement influencée par la culture de l'Empire du Milieu, reste pourtant d'une remarquable originalité car le pays du Soleil Levant est un creuset qui intègre, absorbe pour remodeler à son goût.

Au Japon, la sève subtile du Budo n'a pas cessé de nourrir les Arts Martiaux. Craignant peut-être le contact de l'Occident et le choc du monde moderne, les Maîtres japonais du début du siècle ont voulu rendre manifeste la place essentielle de la Voie (Do) en changeant les anciens noms des Bujutsu tels que jiu-jutsu, aïki-jutsu, ken-jutsu, ... en Judo, Aïkido, Kendo... Ils espéraient ainsi que le grand public ne confondrait pas les Arts Martiaux avec les sports de combat et que le sens de la Voie ne disparaîtrait pas dans les méandres de l'histoire.

Les Bujutsu sont les relais du Budo dans les deux sens : pour l'atteindre et pour qu'il nous atteigne. Celui qui a déjà assisté à une démonstration de qualité, ou qui a eu la chance de voir le film magnifique de Michel Random, a certainement été sensible à l'harmonie des mouvements, à la beauté gestuelle. De nombreux spectateurs ont même comparé ces Arts à des danses viriles ou à des cérémonies sacrées. Comparaison qui ne leur viendrait certainement pas à l'esprit pour un match de boxe ou un spectacle de catch !

Le hasard n'y est bien sûr pour rien. La recherche technique effectuée depuis la nuit des temps par les Maîtres japonais, qui ont su intégrer les connaissances de leurs homologues chinois, a toujours reposé sur les principes de complémentarité qui régissent l'Univers. Le jeu des forces actives (Yang) et passives (Yin) est mis en pratique avec une précision extraordinaire dans les mouvements d'attaque et de défense de façon à neutraliser l'adversaire avec le minimum d'efforts et le maximum d'efficacité. De là découle, presque naturellement, une stupéfiante harmonie du gestuel.

Ce sont surtout les kata qui incarnent le souffle du Budo. Les kata (formes, moules) sont des enchaînements de mouvements prédéterminés. A première vue ils servent à assimiler les techniques, à apprendre leur utilisation dans la perspective du combat. On leur attribue aussi de nombreux effets bénéfiques pour la coordination physique et respiratoire, le sens du rythme, la concentration ainsi que pour la santé quand ils sont pratiqués correctement. Les Maîtres les ont utilisés pour transmettre leurs connaissances. Transmission des techniques, des tactiques de combat, bien sûr, mais aussi d'un symbolisme spirituel, les kata sont porteurs d'un message codé sur plusieurs niveaux et ils ne révèlent leurs secrets qu'après des années, ou plutôt une vie, de pratique intensive. L'origine des kata actuels est très ancienne et les Maîtres, guerriers ou moines, qui les créèrent le firent afin de servir de testament à leurs élèves et aux générations futures, dans l'espoir que la forme ne soit pas coupée du cœur, que les Bujutsu continuent de servir la Voie.

Les Bujutsu armés

Contrairement à une idée répandue, les Arts de combat japonais ne furent pas pratiqués exclusivement par la classe des Bushi (ou samouraï). Les hommes du peuple, et surtout les moines, surent devenir des pratiquants expérimentés, parfois des Maîtres.

S'il ne faut donc pas confondre le Bushido, la Voie du guerrier, avec le Budo, Voie des Arts Martiaux, l'utilisation des armes de guerre a cependant été le privilège des samouraï, surtout à partir du XVIe siècle où un décret ordonna la confiscation des armes détenues par le peuple.

Le KEN-JUTSU, l'escrime, était l'entraînement de base du samouraï. Le sabre fut le « garde du corps » du guerrier qui ne s'en séparait jamais. Debout, assis ou couché, le samouraï devait être prêt à dégainer pour sauver sa vie constamment menacée au temps de la féodalité. Ayant compris qu'il n'était pas indispensable d'effectuer une exténuante escrime pour vaincre, le guerrier nippon perfectionna au plus haut point le IAI, l'art de dégainer le sabre et de frapper l'adversaire avant même que celui-ci ait eu le temps de se mettre en garde. Arme du guerrier par excellence, le sabre a aussi une place d'honneur dans de nombreuses cérémonies religieuses au Japon. Des prêtres shintoïstes des sanctuaires Kashima et Katori ont d'ailleurs fondé des écoles d'escrime réputées! Le KYU-JUTSU, le tir à l'arc, fut, avec le Ken-jutsu, une pratique réservée à l'aristocratie des Bushi. Avec l'apparition des armes à feu, l'arc commença à disparaître des champs de bataille mais le Kyu-jutsu y gagna en pureté. Il devint ainsi une discipline très axée sur le développement spirituel puisqu'au Dojo le tireur n'a plus que lui-même à combattre pour atteindre la cible. Le tir à l'arc a été conservé principalement dans les temples où il demeure encore aujourd'hui un exercice rituel pratiqué quotidiennement par de nombreux moines. Le Kyu-jutsu est considéré par les Japonais comme l'un des plus grands symboles religieux car « d'une extrémité de son arc, l'archer perce le Ciel, de l'autre la Terre, et la corde tendue entre les deux lance la flèche au cœur de la cible visible et invisible »...

Le NAGINATA-JUTSU est la technique de la faux de guerre. Des moines guerriers, les Yama-Bushi, furent les premiers à utiliser cette arme au Japon. Ces fameux Yama-Bushi (guerriers de la montagne) étaient des moines bouddhistes qui vivaient sur les pentes du mont Hieï. Ils étaient organisés en ordres militaires, comme les Templiers occidentaux, afin d'assurer la protection des sanctuaires contre les bandits. Les Yama-Bushi furent des combattants redoutables dont les monastères devinrent très tôt des hauts lieux d'Arts Martiaux, réputés dans tout le Japon. De nombreux samouraï venaient s'y instruire et s'y perfectionner. Pour en revenir au Naginata-jutsu, il faut dire que les Yama-Bushi excellaient tout particulièrement à manier la faux de guerre. Le célèbre moine Benkeï, compagnon du héros le plus populaire de l'histoire japonaise — Yoshisutne —, est entré dans la légende le naginata à la main. Un autre moine du XIIe siècle, Tajima « le Coupeur de flèches », traversa sain et sauf un pont balayé par des volées de flèches en les fauchant avec son naginata ! Ensuite l'emploi de cette arme se généralisa chez les samouraï de tout rang. Avec l'apparition des armes à feu, le Naginata-jutsu commença à être délaissé mais il garda une place de choix dans les demeures aristocratiques où il était utilisé par les femmes de samouraï pour défendre leur foyer. Il est toujours au Japon le premier Art Martial féminin.

Au XVIe siècle, les armes de guerre furent officiellement interdites au peuple, et même aux moines, afin d'assurer la domination de la classe aristocratique des Bushi. Mais une tradition martiale tenace, encouragée par l'insécurité de l'époque, continua de survivre dans les villages, les villes... et les monastères.

Paysans et artisans transformèrent leurs outils en des armes surprenantes. Les fléaux à battre le riz (nunchaku), les faucilles (kama), etc., ne tardèrent pas à concurrencer les sabres. Le BO-JUTSU fut sans doute l'Art Martial le plus pratiqué par l'ensemble du peuple japonais car le bo, le bâton, est un instrument simple d'usage courant. Utilisé de main de maître, il peut devenir une des armes les plus efficaces qui soient. Vagabonds, pèlerins, moines et artistes itinérants ne durent leur survie sur les routes infestées de brigands que grâce à leur habileté au bâton. Le célèbre poète Zen Basho (1643-1694), l'un des plus grands poètes japonais, avait la réputation de manier le bo avec autant d'adresse que le langage. La valeur de ces Arts de combat populaire finit par être reconnue, souvent à leurs dépens, par les samouraï qui les pratiquèrent assidûment, ne serait-ce que pour mieux s'en défendre.

De toute façon, la plupart des Maîtres n'atteignaient leur haut niveau qu'après avoir assimilé plusieurs Arts Martiaux, afin d'en dégager les principes communs et de mieux comprendre l'essence de la Voie.

Tous les Bujutsu que nous venons de citer dépendent d'un instrument artificiel : ils ne peuvent être utilisés ou étudiés que si le pratiquant porte sur lui une arme. Parallèlement aux Bujutsu armés, les Arts de combat à main nue furent donc largement pratiqués.

Les Bujutsu à main nue

Quand un homme est désarmé au cours d'un combat, sa dernière chance de survie réside dans son habileté à se servir de ses armes naturelles : celles de son corps.

Le JIU-JUTSU, ou Art de la souplesse, est une méthode de combat à main nue qui repose sur le principe de non-résistance. Cet Art utilise surtout des techniques permettant de se servir des mouvements de l'adversaire pour le mettre hors de combat. Méthode très complète, le Jiu-jutsu se sert de tout l'arsenal du corps : esquives, projections, balayages, coups, saisies et étranglements. Le judo sportif, qui en est issu mais qui s'est éloigné de celui mis au point par Jigoro Kano au début du siècle, n'en est que le vague reflet, appauvri et mutilé.

AIKI-JUTSU signifie Art de l'harmonisation des énergies. Très proche du Jiu-jutsu dans ses techniques, cet Art Martial ne fut pas aussi populaire car il était enseigné secrètement au sein de certaines familles de la noblesse guerrière. La famille Takeda en fut l'une des dépositaires et ce n'est qu'au début du XXe siècle que le dernier survivant de sa lignée, Takeda Sokaku, consentit à divulguer quelque peu cet enseignement. Ueshiba Morihei fut admis au nombre de ses élèves et il s'inspira largement de cet Art pour créer l'Aïkido, Art Martial axé sur la non-violence et dépourvu de toute technique offensive.

Des Arts de combat à main nue d'origine chinoise se répandirent aussi au Japon : ce sont les Kempo.

Le KARATÉ est le plus célèbre de ces Kempo. Karaté signifie en japonais « main vide ».

Dans l'archipel des Ryu-Kyu, au sud du Japon, l'île d'Okinawa passa au XVe siècle sous domination chinoise. Les occupants interdirent à la population indigène de posséder des armes. Loin de se résigner, le peuple d'Okinawa développa clandestinement un Art Martial dérivé du Kempo chinois : le Tode ou

« main de Chine ». Cet Art fut introduit principalement par des moines chinois, comme en témoignent encore certains noms de kata : un kata provient du Jion-ji, un ancien temple bouddhiste ; le style Shorin-ryu évoque quant à lui explicitement son rattachement au temple de Shaolin. La prohibition fut maintenue quand, en 1609, Okinawa fut occupée par un seigneur japonais. Pratiqué de plus belle, toujours la nuit, en secret, l'Art Martial local commença à se faire connaître sous le nom d'Okinawate. Ce n'est qu'au XXᵉ siècle que Funakoshi Gishin l'introduisit dans le reste du Japon. Il décida alors d'appeler cet Art « Karaté-Do », la Voie de la main vide, afin de souligner son appartenance au Budo. Le mot Kara (vide) fut choisi non seulement pour désigner le caractère de combat à main nue de cet Art, mais surtout pour sa signification morale et religieuse. Kara fait aussi référence au « vide de toute intention agressive » et évoque l'expérience Zen du « Vide ».

Cela paraît loin de la réputation de violence dont jouit actuellement le Karaté. Ses techniques sont en effet redoutables car elles sont spécialisées dans les atemi, les coups portés aux points vitaux à l'aide des mains, pieds, coudes et genoux. S'il n'est pas pratiqué dans son optique traditionnelle d'Art de défense et comme Voie, le Karaté, détaché du Do, dégénère facilement en une boxe dangereuse qui n'a alors plus de rapport avec le Karaté-Do qui fut pratiqué par Funakoshi Gishin jusqu'à sa mort, survenue dans sa quatre-vingt-neuvième année.

AU SEUIL
DU MYSTÈRE

« *Lorsqu'un vieillard déplace un poids énorme
ou résiste avec succès à plusieurs jeunes gens,
ce n'est évidemment pas une affaire de force;
et comment cela peut-il se faire grâce à la
rapidité?* »

WANG CHUNG YUEH

La biographie du Maître Ueshiba Morihei, fondateur de l'Aïkido, est pleine d'événements extraordinaires. Au cours de son existence il fut plus d'une fois attaqué d'une manière tout à fait inattendue, aussi bien par-derrière qu'en dormant. Pourtant, il ne fut jamais pris au dépourvu et il réussit toujours à neutraliser ses adversaires. Un jour, il accepta de combattre sans arme contre un expert de Kendo, armé d'un boken (sabre en bois). Il esquiva tous les coups jusqu'à ce que son adversaire, épuisé, renonce à l'attaquer. Maître Ueshiba explique : « Avant que quelqu'un m'attaque, son Ki vient vers moi. Si je l'évite, et que son corps suive le Ki, je n'ai qu'à le toucher légèrement pour qu'il tombe au sol. » Au cours d'une expédition en Mongolie, il réalisa un exploit encore plus surprenant. Un soldat le tenait en joue avec un fusil, à environ six mètres. Au moment où il tira, le soldat eut la désagréable surprise d'être assailli par Ueshiba qui le désarma. Le Maître aurait donné ce commentaire : « Il existe un temps très long entre le moment où un homme décide de tirer et tire effectivement. » Avait-il la faculté de jouer avec le temps ? Pouvait-il échapper aux lois de la physique ?

Il est certain qu'un tel homme est une énigme qui embarrasserait bien les scientifiques officiels et cartésiens. D'autant plus que l'on ne peut mettre ces exploits sur le compte de la crédulité superstitieuse du Moyen Age. Ueshiba Morihei est en effet un Maître contemporain, mort en 1969. De nombreux témoins, encore vivants, peuvent rendre compte de ce qu'ils ont vu de leurs propres yeux. Il existe même des photographies où l'on voit Ueshiba, frêle vieillard de 80 ans, le corps décontracté et un sourire aux lèvres, résister à la poussée vigoureuse d'un jeune homme.

Ces étranges pouvoirs sont communs à tous les Arts Martiaux. Ils constituent la science du CHI en chinois, du KI en japonais. Notion difficile à traduire en français, le Ki signifie à la fois souffle, énergie interne, attention, esprit. Il existe différentes qualités de Ki. Selon la tradition orientale, le Ki originel se répand dans l'univers entier et se dégrade peu à peu en s'éloignant de sa source, le Tao, pour imprégner plus ou moins intensément, en fonction de leur niveau, les êtres et les choses du cosmos.

Des techniques de respiration, de concentration et de méditation sont enseignées dans le but de sentir et de maîtriser le Ki.

Le KIAÏ, vulgairement appelé le « cri qui tue », est en fait l'art de diriger, de projeter le Ki. Il existe deux aspects du Kiaï : un cri sonore qui émet une certaine qualité de vibration, cri qui vient du hara tanden, le centre vital de l'homme, situé au bas-ventre. Ce HARA est le centre de gravité du corps qui conditionne sa stabilité, ses mouvements et déplacements. Tout mouvement atteint son maximum d'efficacité s'il est initié par ce Hara, et se trouve au contraire bloqué s'il a pour origine une contraction musculaire. Le second aspect du Kiaï est le phénomène du « cri silencieux », qui provient des profondeurs de l'être. Ce cri projette une énergie subtile et peut se manifester par les yeux. Il s'apparente ainsi à l'hypnose. Le but des cris, sonore et silencieux, est le même : émettre des vibrations susceptibles de créer le trouble chez l'adversaire, mais ils peuvent aussi servir à réanimer ceux qui ont perdu connaissance, grâce au choc produit par la vibration.

Le KIME est le fait de projeter le Ki à l'aide du corps, en rassemblant l'onde de choc et l'énergie interne sur un point de façon à leur permettre de continuer lorsque le coup s'arrête. Les Maîtres de karaté procèdent parfois à une curieuse expérience : un élève tient un matelas plié en quatre contre son ventre, sans oublier de contracter ses abdominaux. Le Maître donne un coup de pied complètement décontracté, mais avec le Kime, dans le matelas. L'élève lâche alors le matelas pour se tenir le ventre et il ne peut s'empêcher de laisser échapper un cri de douleur. L'énergie, après avoir traversé le matelas et le ventre contracté, a finalement atteint la colonne vertébrale !

Le sixième sens, la faculté de pressentir une attaque est aussi en rapport avec le Ki, l'énergie. Toute pensée, toute intention, est une onde émise par une personne et qui peut être captée par une autre, dont la sensibilité est très développée. Les grands Maîtres, après des années de pratique, possèdent ce pouvoir de pressentir intuitivement une attaque. Ils peuvent ainsi anticiper sur les mouvements de l'adversaire et, malgré leur âge avancé, rester inattaquables.

Le Ki n'est ni bon ni mauvais en lui-même. Le Kiaï peut servir à « paralyser » ou à réanimer. C'est celui qui l'utilise qui le rendra maléfique ou bénéfique, destructeur ou créateur. L'emploi des pouvoirs peut être dénaturé, corrompu pour servir les projets malveillants d'un individu égoïste. Les écoles de sagesse, dignes de ce nom, étaient donc très sévères sur la sélection des candidats, et la transmission des techniques ne se faisait que sous le sceau du secret.

De toute façon, la conquête des pouvoirs n'est pas le but de la Voie. Ce n'est qu'une conséquence du réveil des facultés latentes en tout être humain, qui résulte d'un certain travail intérieur nécessaire pour la réalisation de soi. Les Maîtres n'utilisent leur pouvoir que très rarement : pour protéger la vie ou dans le cadre de leur enseignement. L'utilisation des pouvoirs, la manipulation des énergies n'est pas gratuite. Le choc en retour est toujours à craindre. Telle est la loi du Karma : on récolte ce que l'on sème. Celui qui abuse des pouvoirs gaspille son énergie et s'enfonce dans un labyrinthe obscur, en perdant tout espoir d'accéder à la véritable maîtrise, à l'ultime secret.

Entrebâillant une porte sur un monde inconnu, les histoires de pouvoirs « extraordinaires » nous laissent le goût d'une Réalité impalpable.

La science de l'énergie ne nous échappe-t-elle pas complètement ? L'Univers et l'Homme ne sont-ils pas une fantastique énigme ?

La cible invisible

Alors que le Maître Kenzo Awa expliquait que l'Art du tir à l'arc consiste à laisser partir la flèche sans intention de réussir, tirer sans viser, son élève européen Herrigel ne put s'empêcher de dire : « Mais alors, vous devriez être capable de tirer les yeux bandés ? »

Le Maître posa longuement son regard sur lui... avant de lui donner rendez-vous pour le soir même.

Il faisait déjà nuit quand Herrigel fut introduit dans le Dojo. Le Maître Awa le convia d'abord à un Cha no yu, une cérémonie du thé qu'il exécuta lui-même. Sans dire un mot, le vieil homme prépara soigneusement le thé puis il le servit avec une infinie délicatesse. Chacun de ses gestes se déroulait avec la précision et la beauté que seule une grande concentration peut donner. Les deux hommes gardèrent le silence pour goûter la saveur de cet harmonieux rituel. Un instant d'éternité, comme disent les Japonais.

Suivi de son visiteur, le Maître traversa ensuite le Dojo pour se placer face au hall qui abritait les cibles, à 60 mètres de là. Le hall des cibles n'était pas éclairé et on en devinait à peine les contours. Suivant les instructions du Maître, Herrigel alla y fixer une cible sans allumer la lumière.

A son retour, il vit que le vieil archer se tenait prêt pour la cérémonie du tir à l'arc. Après avoir salué en direction de la cible invisible, le Maître se déplaça comme s'il glissait sur le plancher. Ses mouvements s'écoulaient avec la lenteur et la fluidité d'une fumée qui tourbillonne doucement dans le vent. Les bras s'élevèrent puis s'abaissèrent. L'arc se tendit tranquillement jusqu'à ce que la flèche parte brusquement. Elle s'enfonça dans l'obscurité. Le Maître resta immobile, les bras suspendus, comme s'il accompagnait la flèche vers sa destination inconnue, comme si le tir continuait sur un autre plan. Puis, à nouveau, l'arc et la flèche dansèrent dans ses mains. La seconde flèche siffla à son tour et fut avalée par la nuit.

Herrigel s'empressa d'aller allumer le hall, impatient de voir où s'étaient plantées les flèches. La première était au cœur de la cible. La seconde était juste à côté, légèrement déviée par la précédente qu'elle avait touchée et dont elle avait fait éclater le bambou sur plusieurs centimètres !

En rapportant la cible, Herrigel félicita le

Maître pour son exploit. Mais celui-ci répliqua :
« Le mérite ne m'en revient pas. Ceci est arrivé
car j'ai laissé " quelque chose " agir en moi.
C'est ce " quelque chose " qui a permis que les
flèches se servent de l'arc pour s'unir à la
cible. »

Ce stupéfiant exploit est rapporté par le
professeur Herrigel dans son livre *le Zen dans
l'Art chevaleresque du tir à l'arc*, livre dans lequel il
raconte son apprentissage éprouvant de Kyudo
pendant les six années qu'il passa au Japon.

Sixième sens

Tajima no Kami se promenait dans son jardin par un bel après-midi de printemps. Il semblait complètement absorbé dans la contemplation des cerisiers en fleur. A quelques pas derrière lui, un jeune serviteur le suivait en portant son sabre. Une idée traversa l'esprit du jeune garçon : « Malgré toute l'habileté de mon maître au sabre, il serait aisé de l'attaquer en ce moment par-derrière, tant il paraît charmé par les fleurs de cerisier. » A cet instant précis, Tajima no Kami se retourna et chercha autour de lui, comme s'il voulait découvrir quelqu'un qui serait caché. Inquiet, il se mit à fouiller dans tous les recoins du jardin. Ne trouvant personne, il se retira dans sa chambre, très soucieux. Un serviteur finit par lui demander s'il allait bien et s'il désirait quelque chose. Tajima répondit : « Je suis profondément troublé par un étrange incident que je ne peux m'expliquer. Grâce à ma longue pratique des arts martiaux, je peux ressentir toute pensée agressive émise contre moi. Quand j'étais dans le jardin, cela m'est justement arrivé. A part mon serviteur, il n'y avait personne, pas même un chien. Ne pouvant justifier ma perception, je suis mécontent de moi. » Le jeune garçon, apprenant cela, s'approcha du maître et lui avoua l'idée qu'il avait eue, alors qu'il se tenait derrière lui. Il lui en demanda humblement pardon. Tajima no Kami se détendit et, satisfait, retourna dans le jardin.

Bokuden et ses trois fils

Bokuden, grand maître de sabre, reçut un jour la visite d'un confrère. Pour présenter ses trois fils à son ami, et montrer le niveau qu'ils avaient atteint en suivant son enseignement, Bokuden prépara un petit stratagème : il cala un vase sur le coin d'une porte coulissante, de manière à ce qu'il tombe sur la tête de celui qui entrerait dans la pièce.

Tranquillement assis avec son ami, tous deux face à la porte, Bokuden appela son fils aîné. Quand celui-ci se trouva devant la porte, il s'arrêta net. Après avoir entrebâillé la porte, il décrocha le vase avant d'entrer. Refermant la porte derrière lui, il replaça le vase avant d'aller saluer les deux maîtres. « Voici mon fils aîné, dit Bokuden en souriant, il a déjà atteint un bon niveau et est en voie de devenir maître. »

Le second fils fut appelé. Il fit coulisser la porte et commença à entrer. Esquivant de justesse le vase qu'il faillit recevoir sur le crâne, il réussit à l'attraper au vol. « C'est mon second fils, expliqua-t-il à l'hôte, il a encore un long chemin à parcourir. »

Quand ce fut le tour du fils cadet, celui-ci entra précipitamment et reçut lourdement le vase sur le cou. Mais avant que le vase ne touche les tatamis, il dégaina son sabre et le cassa en deux. « Et celui-là, reprit le Maître, c'est mon fils cadet. C'est un peu la honte de la famille, mais il est encore jeune. »

L'Œil du guerrier

Grand amateur de théâtre Nô, Tajima no Kami, professeur de sabre du shogun, assistait à un spectacle où était réunie la Cour. Le plus grand acteur de l'époque jouait. Tajima observait attentivement son jeu qui démontrait une grande maîtrise de soi. Sa concentration paraissait sans faille, ses gestes ne laissaient aucune ouverture, tout comme un combattant expérimenté. Ne l'ayant pas quitté des yeux un seul instant depuis le début de la représentation, le Maître Tajima poussa tout à coup un Kiaï dans la direction de l'acteur, un cri discret, mais qui ne passa pas inaperçu...

Un murmure parcourut l'assistance. Des regards s'échangèrent. Le shogun lui-même se retourna.

Dès que le spectacle prit fin, le shogun s'empressa de convoquer Tajima no Kami pour lui demander la raison de son étrange conduite. Le Maître se contenta de déclarer : « Questionnez l'acteur ; lui, il sait. »

Effectivement, l'acteur avoua : « Le Kiaï a retenti au moment même où j'ai eu une seconde de distraction car quelque chose avait changé dans le décor. »

Infaillible concentration

Sen no Rikyu demeure dans la mémoire des Japonais le plus illustre Maître de Cha no yu, le rituel du thé. Il était au service de Hideyoshi, le kampaku qui gouvernait le pays à l'époque.

Un jour, alors que le Maître Rikyu officiait au cours d'une cérémonie du thé, Hideyoshi fit remarquer à ses généraux : « Regardez bien Rikyu préparer le thé et vous constaterez que son corps est rempli de Ki, que ses gestes précis et mesurés sont comme ceux d'un grand guerrier, ils n'offrent aucune ouverture. Sa concentration est sans faille. »

Une idée traversa Kato Kiyomasa, fameux général : pour vérifier si ce que disait le kampaku était aussi exact qu'il voulait le faire croire, il décida de toucher l'officiant avec son éventail dès qu'une ouverture se présenterait. Pris au jeu, il se mit à observer attentivement Sen no Rikyu qui se trouvait juste à côté de lui. Au bout de quelques minutes, croyant percevoir une faille, le général allait pointer son éventail.

A cet instant précis, le Maître de thé le regarda droit dans les yeux, en lui souriant.

Kiyomasa en eut le souffle coupé. Son éventail lui en tomba des mains.

L'incroyable Chi

Un Maître du combat à main nue enseignait son Art dans une ville de province. Sa réputation était telle dans la région qu'il défiait toute concurrence : les pratiquants boudaient les autres professeurs. Un jeune expert qui avait entrepris de s'établir et d'enseigner dans les environs se décida un jour à aller provoquer le fameux Maître afin de mettre un terme à son règne.

L'expert se présenta donc à l'école du Maître et un vieillard vint lui ouvrir la porte, lui demandant ce qu'il désirait. Sans hésiter, le jeune homme annonça son intention. Le vieil homme, visiblement embarrassé, tenta de lui expliquer combien cette idée était suicidaire, étant donné la redoutable efficacité du Maître.

Pour impressionner ce vieux radoteur qui semblait douter de sa force, l'expert s'empara d'une planche qui traînait dans un coin et, d'un coup de genou, il la cassa en deux. Le vieillard demeura imperturbable. Le visiteur insista à

nouveau pour combattre avec le Maître, mena-
çant de tout casser pour démontrer sa détermi-
nation et ses capacités. Le vieux bonhomme le
pria alors d'attendre un moment et il disparut.

Quand il revint peu après, il tenait à la main
un énorme morceau de bambou. Il le tendit au
jeune homme en lui disant : « Le Maître a
l'habitude de casser avec un coup de poing des
bambous de cette taille. Je ne peux prendre au
sérieux votre requête si vous n'êtes pas capable
d'en faire autant. »

S'efforçant de faire subir au bambou le même
sort qu'à la planche, le jeune présomptueux dut
finalement renoncer, épuisé, les membres endo-
loris. Il déclara qu'aucun homme ne pouvait
casser ce bambou à main nue. Le vieillard
répliqua que le Maître, lui, pouvait. Il conseilla
au visiteur d'abandonner son projet tant qu'il
ne serait pas capable d'en faire autant. Excédé,
l'expert jura de revenir et de réussir l'épreuve.

Deux années passèrent pendant lesquelles il
s'entraîna intensivement à la casse. Chaque jour
il se musclait et durcissait son corps. Ses efforts
portèrent leurs fruits car il se présenta à nouveau à la porte de l'école, sûr de lui. Le même
petit vieux le reçut.

Exigeant qu'on lui apporte l'un des fameux
bambous pour le test, le visiteur ne tarda pas à
le caler entre deux énormes pierres. Il se
concentra quelques secondes, leva la main puis
il cassa le bambou en poussant un cri terrible.

Un sourire de satisfaction aux lèvres, il se retourna vers le frêle vieillard. Celui-ci fit un peu la moue et déclara : « Décidément, je suis impardonnable, je crois que j'ai oublié de préciser un détail : le Maître casse le bambou... sans le toucher. » Le jeune homme, hors de lui, répliqua qu'il ne croyait pas aux exploits de ce Maître dont il n'avait même pas pu vérifier la simple existence.

Saisissant alors un solide bambou, le vieil homme le suspendit à une ficelle qu'il accrocha au plafond. Après avoir respiré profondément, sans quitter des yeux le bambou, il poussa alors un cri terrifiant qui venait du plus profond de son être, et sa main, tel un sabre, fendit l'air pour s'arrêter à 5 centimètres du bambou... qui éclata.

Subjugué par le choc qu'il venait de recevoir, l'expert resta plusieurs minutes sans pouvoir dire un mot, pétrifié. Finalement, il demanda humblement pardon au vieux Maître pour son odieux comportement et le pria de l'accepter comme élève.

Le secret de l'efficacité

Devenu un expert et un professeur renommé de l'Art du sabre, Ito Ittosai était cependant loin d'être satisfait de son niveau. Malgré ses efforts il avait conscience que depuis quelque temps il ne parvenait plus à progresser.

Dans son désespoir, il décida de suivre l'exemple du Bouddha. Les sutra rapportent en effet que celui-ci s'était assis sous un figuier pour méditer avec la résolution de ne plus bouger tant qu'il n'aurait pas reçu la compréhension ultime de l'existence et de l'Univers. Déterminé à mourir sur place plutôt que de renoncer, le Bouddha réalisa son vœu : il s'éveilla à la suprême Vérité. Ito Ittosai se rendit donc dans un temple afin de découvrir le secret de l'Art du sabre. Il consacra sept jours et sept nuits à la méditation.

A l'aube du huitième jour, épuisé et découragé de ne pas en savoir plus, il se résigna à rentrer chez lui, abandonnant tout espoir de percer le fameux secret.

Après être sorti du temple, il s'engagea dans une allée boisée. A peine avait-il fait quelques pas que, soudain, il sentit une présence menaçante derrière lui. Sans réfléchir. il se retourna en dégainant son arme.

C'est alors qu'il se rendit compte que son geste spontané venait de lui sauver la vie : un bandit gisait à ses pieds, sabre en main.

Le manteau magique

Yang Lu Chan, après une visite qui s'était prolongée tard dans la nuit, regagnait sa demeure. Comme il était en train de traverser l'un des quartiers les plus mal famés de Pékin, il marchait à grands pas, espérant ne pas faire de fâcheuse rencontre...

Et justement... une désagréable surprise l'attendait : au coin d'une rue, il se trouva nez à nez avec un groupe de voyous qui lui barraient le passage. Se retournant pour prendre la fuite, il constata amèrement que ses arrières étaient coupés par le reste de la bande. Une trentaine de malfrats, armés de bâtons et de matraques, l'encerclaient. Yang Lu Chan n'essaya même pas de résister, il se laissa dépouiller de sa bourse sans dire un mot et, quand les coups commencèrent à pleuvoir, il s'enroula dans son manteau et se laissa tomber à terre. Les voyous se défoulèrent à coups de pied et de bâton sur Yang qui, enveloppé dans son manteau, ressemblait à un sac d'entraînement. Les agresseurs furent vite lassés de frapper ce corps inanimé et croyant qu'il avait eu son compte, ils ne tardèrent pas à l'abandonner.

Le lendemain, Yang Lu Chan trottinait dans les rues et se livrait à ses activités quotidiennes comme si rien ne s'était passé. En tout cas, il ne portait sur lui aucune trace des coups qu'il avait essuyés la nuit précédente... Mais le plus surprenant dans cette histoire c'est que plusieurs de ses agresseurs avaient, eux, dû rester au lit ! Ceux qui avaient directement touché le manteau de Yang gardèrent leurs membres paralysés pendant quelques jours.

Yang Lu Chan (1799-1872) était, en fait, le plus célèbre Maître de Tai Chi Chuan de son temps. Bien que défié de nombreuses fois, il ne fut jamais vaincu. Il semble donc que dans cette embuscade nocturne, afin de ne pas risquer de tuer l'un de ses agresseurs, Yang ait choisi d'amortir les coups avec son « manteau magique ».

En Chine, on dit que de tels Maîtres ont atteint un niveau où leur Chi, leur énergie interne, est si puissant que leur corps devient invulnérable, souple comme du coton, insaisissable. Mais par contre, quand ils vous touchent, vous ressentez la force d'une montagne, vous êtes paralysés comme si vous aviez reçu une décharge de courant à haute tension.

Tel armurier, telle arme

« Le sabre est l'âme du samouraï », nous dit l'une des plus vieilles maximes du Bushido, la Voie du guerrier. Symbole de virilité, de loyauté et de courage, le sabre est l'arme favorite du samouraï. Mais dans la tradition japonaise le sabre est plus qu'un instrument redoutable, plus qu'un symbole philosophique : c'est une arme magique. Il peut être maléfique ou bénéfique selon la personnalité du forgeron et du propriétaire. Le sabre est comme le prolongement de ceux qui le manient, il s'imprègne mystérieusement des vibrations qui émanent de leur être.

Les anciens Japonais, inspirés par l'antique religion Shinto, ne conçoivent la fabrication du sabre que comme un travail alchimique où l'harmonie intérieure du forgeron est plus importante que ses capacités techniques. Avant de forger une lame, le maître armurier passait plusieurs jours à méditer, puis il se purifiait en procédant à des ablutions d'eau froide. Revêtant des vêtements blancs il se mettait alors au travail, dans les meilleures conditions intérieures pour donner naissance à une arme de qualité.

Masamune et Murasama étaient d'habiles armuriers, qui vivaient au début du XIVe siècle. Tous deux fabriquaient des sabres d'une très grande qualité. Murasama, au caractère violent, était un personnage taciturne et inquiétant. Il avait la sinistre réputation de forger des lames redoutables qui poussaient leurs propriétaires à de sanglants combats ou qui, parfois, blessaient ceux qui les manipulaient. Ces armes, assoiffées de sang, furent rapidement tenues pour maléfiques. Par contre, Masamune était un forgeron d'une très grande sérénité qui se livrait à un rituel de purification pour forger ses lames. Elles sont considérées aujourd'hui comme les meilleures du pays.

Un homme, qui voulait tester la différence de qualité entre les modes de fabrication des deux armuriers, plaça un sabre de Murasama dans un cours d'eau. Chaque feuille dérivant à la surface, qui touchait la lame, fut coupée en deux. Ensuite, un sabre fabriqué par Masamune fut placé dans le cours d'eau. Les feuilles semblaient éviter la lame. Aucune d'elles ne fut coupée, elles glissaient toutes, intactes, le long du tranchant comme si celui-ci voulait les épargner.

L'homme rendit alors son verdict : « La Murasama est terrible, la Masamune est humaine. »

FACE A LA MONTAGNE

« *Tant que vous ne pouvez aller au-delà de la montagne, il vous est impossible d'atteindre le chemin.* »

WEI-KUAN

La tradition nous dit que suivre la Voie, c'est comme gravir une haute montagne. Celui qui a décidé d'entreprendre l'ascension choisira le versant qu'il veut escalader et ira trouver un guide pour lui indiquer le chemin. Ces choix sont déterminants. Si le versant est trop abrupt ou le guide inexpérimenté, les résultats peuvent être désastreux. Mais même avec le meilleur des guides, rien n'est acquis pour autant. Nombreux sont les obstacles, pénibles sont les efforts. Un grand combat est nécessaire ; un fantastique corps à corps avec la montagne. Les muscles se tendent, les doigts s'agrippent fermement au roc. Chaque geste doit être précis, mesuré. Rien ne peut être laissé au hasard. Un faux pas, c'est la chute.

Mais quel est donc l'intérêt de ce défi de chaque instant, à mi-chemin entre le sommet et l'abîme, la vie et la mort ?

Celui qui affronte la montagne sait, ou du moins quelque chose en lui sait, que le grand combat a eu lieu au-dedans de lui-même. La montagne n'est qu'un prétexte. Elle permet à l'homme d'être face à face avec lui-même, elle lui fournit l'occasion de se surpasser. C'est en se frottant aux difficultés que le pratiquant va développer la volonté et l'énergie nécessaires à son évolution. Toute épreuve est en réalité une aide sur la Voie. « Si le Ciel est sur le point de confier une mission importante à un homme, il commence par remplir son cœur d'amertume en brouillant sa compréhension et en bouleversant ses projets. Il le force ensuite à exercer ses os et ses muscles. Il lui fait endurer la faim et toutes sortes de souffrances. Quand l'homme émerge, triomphant de toutes ces épreuves, il est ainsi capable d'accomplir ce qu'auparavant il n'aurait pu faire. » Cette citation de Mencius est une précieuse indication quant au sens de la vie.

Quel est l'enjeu de ce combat intérieur ? Pour les Maîtres, les véritables obstacles qui empêchent l'élève de progresser sont ceux qui sont dressés par sa personnalité artificielle. L'homme ordinaire, étouffé dans un carcan d'habitudes physiques et mentales, sa vision du monde déformée par un écran d'illusions, est un infirme coupé de son être profond dont les possibilités sont inexploitées. Le travail à accomplir consiste donc à faire sauter les blocages, physiques et psychologiques, pour que les forces latentes de l'homme puissent s'épanouir librement. Le Budo, la Voie du Combat, comme toute Voie authentique, a pour but la régénération de l'individu. Mais cette réalisation de soi ne peut être atteinte que par une lutte sans pitié contre ses propres défauts, ses faiblesses, ses illusions. Pour vaincre les obstacles intérieurs encore faut-il avoir la patience de les traquer sans répit et le courage de leur faire face. Orgueil, lâcheté, impatience, doute, nourris par l'illusion, sont autant de pièges redoutables dans lesquels beaucoup sont tombés. Le sentier serpente, long, difficile et éprouvant. Ne pas se laisser décourager et persévérer, malgré tout, malgré soi, telle est l'une des clés de la Voie.

Il ne faut pas oublier, comme l'affirme D. T. Suzuki, que « tant qu'on n'aura pas mangé le pain de la tristesse, on ne pourra connaître la saveur de la vie réelle ».

Pas si bête

Yagyu Tajima no Kami avait pour animal familier un singe. Celui-ci assistait fréquemment à l'entraînement des élèves. Etant par nature extrêmement imitateur, le singe apprit la façon de tenir un sabre et de s'en servir. Dans son genre, il était devenu un expert.

Un jour, un ronin (guerrier errant) exprima son désir d'essayer amicalement son habileté à la lance avec Tajima no Kami. Le Maître lui suggéra de combattre d'abord avec le singe. Le visiteur se sentit amèrement humilié. Mais la rencontre eut lieu.

Armé de sa lance, le ronin attaqua rapidement le singe qui tenait un shinaï (sabre en bambou). L'animal évita agilement les coups de lance. En passant à la contre-attaque, le singe réussit à s'approcher de son adversaire et à le frapper. Le ronin recula alors et mit son arme dans une garde défensive. Profitant de l'occasion, le singe sauta sur le manche de la lance et désarma l'homme. Quand le ronin, tout piteux, revint près de Tajima no Kami, le Maître lui fit la remarque suivante : « Je savais depuis le début que vous n'étiez pas capable de vaincre le singe. »

Le ronin, depuis ce jour, avait arrêté de venir rendre visite au Maître. Plusieurs mois s'étaient écoulés quand il réapparut. Il exprima le désir de combattre le singe à nouveau. Le Maître, devinant que le ronin s'était beaucoup entraîné, pressentit que le singe refuserait le combat. Il n'agréa donc pas la requête de son visiteur. Celui-ci insista et le Maître finit par céder.

Dès que le singe fut face à l'homme, il jeta son arme et prit la fuite en criant.

Tajima no Kami dit pour conclure : « Ne vous l'avais-je pas dit ? »

Peu après, il recommanda le ronin au service d'un de ses amis.

Un enseignement accéléré

Fils d'un célèbre maître de sabre, Matajuro Yagyu fut renié par son père qui estimait que le travail de son fils était trop médiocre pour espérer en faire un maître.

Matajuro, qui avait décidé, malgré tout, de devenir un maître de sabre, partit vers le mont Futara pour y rencontrer le fameux maître Banzo. Mais Banzo confirma le jugement du père : « Tu ne peux pas remplir les conditions. »

— « Mais si je travaille très dur, combien d'années cela me prendra-t-il pour devenir un maître ? » insista le jeune homme.

— « Le reste de ta vie », répondit Banzo.

— « Je ne peux pas attendre si longtemps. Je suis prêt à endurer n'importe quoi pour suivre votre enseignement. Si je deviens votre serviteur dévoué, combien de temps cela peut-il prendre ? »

— « Oh, peut-être dix ans. »

— « Mais, vous savez, mon père se fait

vieux, et il me faudra bientôt prendre soin de lui. Si je travaille plus intensivement, il faut compter combien d'années ? »

— « Oh, peut-être trente ans. »

— « Mais, qu'est-ce que ça veut dire ? ! D'abord dix, maintenant trente. Croyez-moi, je suis pourtant prêt à supporter n'importe quoi pour maîtriser cet art dans le temps le plus court ! »

— « Bien, dans ce cas, vous aurez à rester soixante-dix ans avec moi. Un homme aussi pressé que vous d'obtenir des résultats n'apprend guère rapidement », expliqua Banzo.

— « Très bien », déclara Matajuro, comprenant enfin qu'il était blâmé par son impatience, « j'accepte d'être votre serviteur. »

Il fut alors demandé à Matajuro de ne plus parler d'escrime, ni de toucher à un sabre. Il servit le Maître, lui prépara ses repas, lui fit son ménage, s'occupa du jardin, tout cela sans un mot au sujet de l'art du sabre. Il n'était même pas autorisé à regarder les autres élèves s'entraîner.

Trois années passèrent. Matajuro travaillait toujours et il pensait souvent à son triste sort, lui qui n'avait pas encore la possibilité d'étudier l'art auquel il avait décidé de consacrer sa vie. Or, un jour, pendant qu'il faisait le ménage, tout en ruminant ses tristes pensées, Banzo se glissa derrière lui en silence et lui donna un terrible coup de boken (sabre de bois). Le jour suivant, alors que Matajuro préparait du riz, le Maître l'attaqua encore d'une façon tout à fait inattendue. A compter de ce jour, Matajuro dut se défendre jour et nuit contre les attaques surprises de Banzo.

A chaque instant, il devait être sur ses gardes, pleinement éveillé, pour ne pas tâter du sabre du Maître. Il apprit si rapidement que sa concentration, sa rapidité et une sorte de sixième sens lui permirent très tôt d'éviter les attaques de Banzo. Un jour, peut-être moins de dix ans après son arrivée, le Maître lui annonça qu'il n'avait plus rien à lui apprendre.

Le voleur de Connaissance

Né au début du XIXe siècle dans une famille paysanne du Ho-Pei, le jeune Yang Lu Chan n'avait qu'une passion : le Chuan-Shu, l'Art du poing. Ayant fréquenté assidûment dès son enfance les écoles d'Arts martiaux de sa province, il avait atteint très tôt le rang d'un expert réputé. Mais les styles qu'il avait pratiqués jusque-là ne le satisfaisaient pas. Il avait conscience que, depuis la destruction du monastère de Shaolin, l'Art du poing avait lentement dégénéré en une méthode de combat qui faisait une trop grande place aux recettes techniques et à la force musculaire. Malgré ses recherches dans tous les recoins du Ho-Pei, il ne parvenait pas à y découvrir un Maître susceptible de lui enseigner un Art plus profond qui déboucherait sur la Voie de l'harmonie.

Son désespoir prit fin quand il entendit parler du Tai Chi Chuan, Art qui commençait à se populariser dans une autre province : le Honan.

Abandonnant ses parents et amis, Yang

entreprit un voyage à pied de plus de 800 kilomètres pour se rendre dans la patrie de l'Art qu'il désirait étudier. Dès qu'il le put, il se fit admettre dans les milieux fermés des pratiquants de Tai Chi. Au cours des conversations qu'il eut avec ceux-ci, un nom revenait souvent à ses oreilles : celui du Maître Chen Chang Hsiang. Cet homme passait pour celui qui, à l'époque, avait le plus haut « kung-fu », c'est-à-dire la plus grande expérience. Mais, hélas, le Maître Chen enseignait exclusivement aux membres de sa famille, dans le plus grand secret.

Yang pensa qu'un si long voyage méritait d'étudier avec le meilleur. Adroitement, il réussit à se faire engager dans la famille Chen comme serviteur. Chaque jour, il se débrouillait pour épier en cachette l'entraînement familial sous la conduite du patriarche. Soigneusement dissimulé, il observait attentivement les mouvements, il buvait les paroles et conseils du Maître. Pendant une partie de la nuit, quand tout le monde dormait, il s'exerçait à refaire ce qu'il avait vu dans la journée et à polir inlassablement les enchaînements qu'il avait appris les jours précédents.

Son espionnage se poursuivit plusieurs mois sans éveiller de soupçon... jusqu'au jour où il fut pris en flagrant délit. Aussitôt conduit devant le Maître Chen, il s'attendait au pire. Le vieil homme paraissait en effet fort mécontent et le ton de sa voix trahissait une certaine irritation :

— « Eh bien, jeune homme, il semble que vous ayez abusé de notre confiance. Vous vous êtes introduit ici dans le seul but d'espionner notre enseignement, n'est-ce pas ? »

— « Effectivement », avoua Yang.

— « Je ne sais pas encore ce que nous allons faire de vous. En attendant, je serais curieux de voir ce que vous avez pu apprendre dans de telles conditions. Pouvez-vous me faire une démonstration ? »

Yang exécuta alors un enchaînement avec une concentration et une fluidité telles que le vieux Chen fut profondément bouleversé de voir un reflet si fidèle de son Art. Il se garda bien de manifester son émotion et resta silencieux un long moment avant de déclarer :

— « Ce serait idiot de vous laisser partir avec le peu que vous connaissez. Vous risqueriez de ternir la réputation de notre famille en montrant notre Art de façon incomplète. Le mieux serait que vous restiez ici le temps de terminer votre apprentissage et, cette fois, sous ma direction ! »

Demeurant encore de nombreuses années dans la famille Chen, Yang intégra de plus en plus profondément l'Art suprême du Tai Chi. Ce n'est qu'après avoir reçu la bénédiction de son vieux Maître qu'il repartit dans sa province natale.

A Pékin, où il décida de s'installer pour

enseigner son Art, on ne tarda pas à l'appeler « l'insurpassable Yang ». En effet, bien que souvent défié par d'autres professeurs ou par de jeunes champions, il ne fut jamais vaincu. Ses combats contribuèrent à renforcer la réputation du Tai Chi Chuan, d'autant plus qu'il parvenait à neutraliser ses adversaires sans jamais les blesser.

Le Maître des Trois Pics

Chang San Fong, le Maître des Trois Pics, avait une haute stature, un corps élancé et une constitution robuste qui lui donnaient un air redoutable. Son visage, à la fois rond et carré, était orné d'une barbe hérissée comme une forêt de hallebardes. Un chignon épais trônait au sommet de son crâne. Si son allure était impressionnante, son regard exprimait cependant une douce tranquillité, avec une lueur de bonté.

Il portait été comme hiver la même tunique fabriquée dans une seule pièce de bambous tressés et il tenait le plus souvent un chasse-mouches fait d'une crinière de cheval.

Assoiffé de connaissance, il passa la plus grande partie de sa vie à pérégriner sur les pentes des monts Sen-Tchouan, Chansi et Houe-Pe. Il visita ainsi les hauts lieux du Taoïsme, allant d'un monastère à l'autre, séjournant dans des sanctuaires et des temples que les pentes escarpées de la montagne rendaient difficilement accessibles. Il fut très tôt initié par les Maîtres taoïstes à la pratique de la méditation. Partout où il passait il étudiait les livres sacrés et il interrogeait sans relâche sur les mystères de l'Univers.

Un jour, alors qu'il méditait déjà en silence depuis des heures, il entendit un chant merveilleux, surnaturel... Observant autour de lui, il aperçut sur la branche d'un arbre un oiseau qui fixait attentivement le sol. Au pied de l'arbre un serpent dressait sa tête vers le ciel. Les regards de l'oiseau et du reptile se rencontraient, s'affrontaient... Soudain, l'oiseau fondit sur le serpent en poussant des cris perçants et entreprit de l'attaquer avec de furieux coups de patte et de bec. Le serpent, ondulant et fluide, esquiva habilement les violentes attaques de son agresseur. Ce dernier, épuisé par ses efforts inefficaces, regagna sa branche pour reprendre des forces. Puis, il repartit à l'assaut. Le serpent continua sa danse circulaire qui se mua peu à peu en une spirale d'énergie tourbillonnante, insaisissable.

La légende nous dit que Chang San Fong s'inspira de cette vision pour fonder le Wu-Tang-Pai, le style de « la main souple » qui, façonné par des générations de Taoïstes, devint le Tai Chi Chuan.

C'est pourquoi les mouvements du Tai Chi

n'ont ni début ni fin. Ils se déroulent souple-
ment comme le fil de soie d'un cocon et ils
s'écoulent sans interruption comme les eaux du
fleuve Yang-Tsé.

L'image d'Asari

A l'âge de 27 ans, Yamaoka Tesshu, qui était déjà un expert de sabre réputé, combattit avec Asari Matashichiro, lui aussi sabreur célèbre. Cette rencontre fut brève car Asari désarma rapidement son jeune adversaire.

Bouleversé, Yamaoka connut une détresse sans borne, non pas à cause de sa défaite, mais parce qu'il réalisait combien il manquait de maturité spirituelle. Motivé par cette rencontre, il redoubla d'efforts pour se consacrer entièrement à l'entraînement au Ken-jutsu (Art du sabre) et à la méditation assise (Zazen).

Désirant mettre à l'épreuve le niveau qu'il avait atteint après dix ans de cette pratique intensive, il rencontra de nouveau Asari. Au cours de ce second combat, il sentit combien son adversaire le dominait et, paralysé par la maîtrise qui se dégageait d'Asari, il refusa de poursuivre le combat et reconnut sa défaite.

Cette nouvelle rencontre l'impressionna tant qu'il fut désormais hanté par l'image d'Asari, image obsédante qui lui rappelait sans cesse sa médiocrité. Loin de se résigner, il intensifia sa pratique du sabre et de la méditation. Sept années passèrent quand, après une forte expérience spirituelle, il constata soudain que l'image d'Asari avait cessé de le tourmenter. Il décida alors de se mesurer une nouvelle fois avec lui.

Asari le fit d'abord combattre avec l'un de ses élèves mais celui-ci s'avoua vaincu dès le début du combat. Yamaoka rencontra alors Asari pour la troisième fois. Les deux hommes se firent face un long moment, se jaugeant du regard. Soudain, Asari abaissa son sabre et déclara : « Vous y êtes, vous êtes enfin sur la Voie. »

LE PIÈGE
DES APPARENCES

« *Quand l'aigle attaque, il plonge sans étendre ses ailes. Quand le tigre est sur le point de bondir sur sa proie, il rampe, les oreilles rabattues. De même, quand un sage est sur le point d'agir, nul ne peut le deviner.* »

FUNAKOSHI GISHIN

« Sous-estimer son adversaire, c'est comme perdre son trésor », nous dit un proverbe chinois. Celui qui joue le jeu de l'adversaire est en effet perdu.

De nombreux experts sont parvenus à une certaine renommée grâce à des feintes, des bottes secrètes qu'ils manient avec habileté. Il existe un vaste arsenal de ruses, de tactiques, de « farces et attrapes » en tous genres. L'adversaire peut reculer pour mieux contre-attaquer, sembler hésitant pour mieux surprendre, apparaître faible et inexpérimenté alors qu'il est un redoutable combattant. Une célèbre école de Chuan-Shu (le style de l'ivrogne) a ainsi fondé toute sa méthode sur cette idée ; ses disciples s'entraînent à jouer les ivrognes, aux gestes malhabiles et imprécis, de façon à relâcher la méfiance de l'adversaire. Ils en profitent alors, à la surprise générale, pour placer un coup tout à fait inattendu.

De même, Miyamoto Musashi, le plus illustre samouraï, mort dans son lit bien qu'il ait livré plus de 60 duels (parfois seul contre dix), donne dans son *Traité sur les cinq roues* de précieux conseils à ce sujet. Par exemple il explique : « Chaque chose obéit à un phénomène de transmission. Le sommeil se communique, un bâillement aussi... Lorsque vos adversaires sont encore sous le coup de l'excitation et qu'ils vous semblent se précipiter, prenez au contraire un air nonchalant comme si vous étiez indifférent. Ils seront alors contaminés et leur attention se relâchera. A ce moment passez à l'assaut rapidement et énergiquement. »

Bien des grands Maîtres du Budo se sont cachés

sous l'apparence d'inoffensifs personnages, non pour mieux surprendre d'éventuels agresseurs, mais avant tout afin d'échapper à la curiosité et à la popularité. Certains d'entre eux ont préféré se laisser humilier et paraître lâches plutôt que de répondre à des provocations insensées. Respectueux de toute vie, ils ne combattaient que quand cela était devenu inévitable.

Découvrir un Maître n'est donc pas toujours une tâche aisée et beaucoup ont eu l'occasion d'en croiser de très grands, sans s'en apercevoir. S'arrêtant à leur aspect peu spectaculaire, ils n'ont pu aller au-delà des apparences. Mais le principal ennemi, qui nous fait tomber dans le piège des apparences, n'est-ce pas, au fond, celui qui prend racine dans nos propres illusions ?

Se contentant de leur force physique, de leurs prouesses techniques et d'une relative habileté, de nombreux pratiquants, dont certains experts, croient avoir atteint un haut niveau, voire la maîtrise. Sûrs d'être arrivés au bout, de ne plus rien avoir à apprendre, ils ne progressent plus et perdent ainsi toute possibilité d'atteindre une réelle efficacité qui, loin de disparaître avec l'âge, s'affermit de jour en jour.

« *Une trace est laissée par une sandale, mais la trace est-elle la sandale ?* »
« *Pour l'ignorant, la pierre précieuse semble n'être qu'un simple caillou.* »

(Proverbes orientaux.)

Le pari du vieux guerrier

Le seigneur Naoshige déclara un jour à Shimomura Shoun, l'un de ses vieux samouraï : « La force et la vigueur du jeune Katsushige sont admirables pour son âge. Quand il lutte avec ses compagnons il bat même les plus âgés.

Bien que je ne sois plus tout jeune, je suis prêt à parier qu'il ne parviendra pas à me vaincre », affirma le vieux Shoun.

Naoshige se fit un plaisir d'organiser la rencontre qui eut lieu le soir même dans la cour du château, au milieu d'un grand nombre de samouraï. Ceux-ci étaient impatients de voir ce qui allait arriver à ce vieux farceur de Shoun.

Dès le début de la rencontre, le jeune et puissant Katsushige se précipita sur son frêle adversaire et l'empoigna fermement, décidé à n'en faire qu'une bouchée. A plusieurs reprises, Shoun décolla du sol et faillit aller rouler dans la poussière ; cependant, à la surprise générale, il se rétablissait à chaque fois au dernier moment.

Exaspéré, le jeune homme tenta à nouveau de le projeter en y mettant toute sa force mais, cette fois, Shoun profita habilement de son mouvement et c'est lui qui réussit à déséquilibrer Katsushige et à l'envoyer au sol.

Après avoir aidé son adversaire à demi inconscient à se relever, Shoun s'approcha du seigneur Naoshige pour lui dire : « Être fier de sa force quand on ne maîtrise pas encore sa fougue, c'est comme si on se vantait publiquement de ses défauts. »

La loi de l'équilibre

Ayant l'occasion de séjourner au Japon, au début du siècle, un Européen avait décidé d'y apprendre le Jiu-jutsu qui lui paraissait être une méthode de combat redoutable. Il commença donc à suivre les cours d'un Maître renommé.

Mais quelle ne fut pas sa surprise quand, au bout de la troisième séance, il n'avait toujours appris aucune technique de combat ! Il s'était seulement exercé à des mouvements très lents, en décontraction. A la fin de la séance, il décida d'aller trouver le Maître.

« Monsieur, depuis que je suis ici, je n'ai rien fait qui ressemble à des exercices de lutte.

— Asseyez-vous, je vous prie », déclara le Maître.

L'Européen s'installa négligemment sur le tatami et le maître s'assit en face de lui.

« Quand commencerez-vous à m'enseigner le Jiu-jutsu ? »

Le Maître sourit et demanda :
— « Êtes-vous bien assis ? »
— « Je ne sais pas... Y a-t-il une bonne façon de s'asseoir ? »

Pour toute réponse, le Maître désigna de la main la façon dont il s'était lui-même assis, le dos bien droit, la tête dans le prolongement de la colonne vertébrale.

— « Mais écoutez, reprit l'Européen, je ne suis pas venu ici pour apprendre à m'asseoir. »

— « Je sais, dit patiemment le Maître, je sais, vous voulez apprendre à lutter. Mais comment pouvez-vous lutter si vous ne cherchez pas l'équilibre ? »

— « Je ne vois vraiment pas le rapport entre le fait de s'asseoir et le combat. »

— « Si vous ne pouvez rester en équilibre quand vous êtes assis, c'est-à-dire dans l'attitude la plus simple, comment voulez-vous garder l'équilibre dans toutes les circonstances de la vie et, surtout, dans un combat ? »

S'approchant de son élève étranger qui restait perplexe, le Japonais le poussa légèrement. L'Européen tomba à la renverse. Le Maître, toujours assis, lui demanda alors d'essayer de le renverser à son tour. Poussant d'abord timidement d'une main, puis y mettant les deux, l'élève finit par s'arc-bouter vigoureusement contre le Maître, sans succès. Soudain, ce dernier se déplaça légèrement et l'autre bascula en avant, s'étalant de tout son long sur les tatamis.

Esquissant un sourire, le Maître ajouta :

— « J'espère que vous commencez à comprendre l'importance de l'équilibre. »

Le redoutable secret
du petit bonze

Un bonze chinois du nom de Chen Yuan Pin était venu s'installer dans la région d'Edo (aujourd'hui Tokyo) vers 1650. Il avait traversé la mer de l'Ouest pour venir enseigner la calligraphie et la poésie. Retiré dans une dépendance du temple Kokushoji, il vivait seul et n'était visible qu'aux moments où il enseignait. Discret comme le chat, tranquille comme la surface d'un étang, le vieux moine semblait aussi fragile qu'une lampe de jade.

Les poèmes fleurissaient sur sa bouche comme des fleurs de lotus, le pinceau dansait entre ses doigts agiles pour donner naissance à l'harmonie. Chen Yuan Pin fut très tôt apprécié par le shogun qui le prit à son service. Il enseignait son art aux jeunes nobles et aux dignitaires de la Cour, mais il refusait obstinément de s'installer au palais, préférant le silence de sa retraite à la vie tumultueuse de la Cour. Souvent, quand il se rendait au palais, le vieux moine croisait les rudes samouraï qui lui jetaient un regard méprisant. Ceux-ci accusaient à voix basse le protégé du Shogun d'amollir l'esprit des jeunes nobles destinés au métier des armes. On ne gagne pas une bataille un pinceau à la main, en hurlant des poèmes et la tête surchargée de philosophie! Discret comme le chat, tranquille comme la surface d'un étang, fragile comme une lampe de jade, Chen Yuan Pin continuait son chemin, le visage éclairé par un imperturbable sourire.

Un soir, alors qu'il était resté très tard au palais pour enseigner, le vieux moine regagnait le temple Kokushoji, situé loin de la ville, escorté par trois gardes qu'il avait fini par accepter devant les prières inquiètes du shogun en personne. A la sortie de la ville, le chemin ne tarda pas à s'enfoncer dans une profonde forêt. Tout à coup, des brigands surgirent et encerclèrent Chen Yuan Pin et son escorte. Leur meute se rua sauvagement. Les trois gardes se battaient avec acharnement, et une ronde mortelle se déroula autour du vieux moine. Le nombre des brigands eut raison du courage des samouraï qui se retrouvèrent désarmés et prêts à mourir dans un dernier corps à corps. Alors, d'une façon aussi soudaine qu'inattendue, Chen Pin passa à l'attaque. Rapides comme l'éclair, souples comme un roseau, insaisissables comme le vent, ses mains, ses pieds, ses coudes devenaient des armes redoutables. Quatre brigands tombèrent lourdement à terre, hors de combat.

Les autres, effrayés par la terrible métamorphose du paisible moine, prirent la fuite. Ils coururent longtemps, comme s'ils venaient de rencontrer un Kami, un être surnaturel.

Pleins d'admiration, les trois samouraï se remirent en route pour conduire le bonze au temple. En chemin, n'y tenant plus, ils demandèrent à Chen Pin de leur livrer son secret, le redoutable secret de sa force. Celui-ci garda le silence et continua jusqu'au temple, discret comme le chat, tranquille comme la surface d'un étang, fragile comme une lampe de jade. Arrivé au temple, il salua ses gardes et se retira pour le reste de la nuit. Les trois samouraï, décidés à en savoir plus, veillèrent jusqu'à l'aube à la porte du temple.

Le lendemain, ils renouvelèrent leurs prières au vieux moine, le suppliant de les accepter comme élèves, comme de simples serviteurs.

« Mon art est pour des âmes bien trempées. Les chemins de la connaissance sont longs et escarpés, leur dit le bonze.

— Nous sommes prêts à tout », fut la réponse des trois gardes.

Le vieux bonze les accepta comme élèves et, pendant de longues années, il les initia à l'art du Wu-Chu, l'Art parfait, qu'il avait appris dans l'Empire du Milieu. En dehors d'un apprentissage commun, chaque élève se spécialisa dans l'une des branches du Wu-Chu. L'un se perfectionna dans la science des projections, l'autre dans celle des saisies et étranglements et le troisième dans celle des atemis, les coups aux points vitaux.

Après de nombreuses années d'un entraînement intense, ayant commencé à intégrer le secret de Chen Pin, l'heure était venue pour les trois élèves de quitter leur vieux maître. Ils devaient transmettre ce qu'ils avaient reçu, chacun dans sa spécialité. Le jour du départ, Chen Pin leur donna ses dernières recommandations et leur rappela de n'enseigner qu'à ceux qui étaient prêts à suivre la Voie du cœur. Le Maître leur donna sa bénédiction, puis se retira dans le temple, discret comme le chat, tranquille comme l'eau d'un étang, paraissant, sous le poids des ans, encore plus fragile qu'une lampe de jade, mais le visage rayonnant d'un paisible sourire.

Le champion et le Maître

Umedzu était champion d'escrime dans sa province. Apprenant que le célèbre Maître Toda Seigen était de passage dans la ville où il enseignait, Umedzu fut impatient de se mesurer à lui.

Quand on demanda à Seigen s'il relevait le défi que lui lançait le champion provincial, il répondit : « Il n'en est pas question. Je ne vois aucune raison de me battre avec cet homme, n'ayant rien à prouver. Répondez-lui qu'un combat de sabre se déroule entre la vie et la mort et que je ne puis accepter à la légère d'en assumer les risques. »

Prenant cette réponse pour une excuse de la part de Seigen, qui craignait apparemment d'être vaincu et de perdre sa réputation, Umedzu fit connaître publiquement le refus du Maître et n'hésita pas à le traiter de lâche.

Le seigneur de la province eut vent de l'affaire et s'y intéressa vivement car il était lui-même passionné d'escrime. Il fit porter un message à

Seigen dans lequel il le priait courtoisement d'accepter la rencontre. Celui-ci refusa de répondre. La requête fut renouvelée trois fois et le ton devenait de plus en plus insistant.

Seigen ne pouvait refuser plus longtemps car sinon il enfreindrait les règles et obligations du samouraï, qui doit obéissance aux autorités féodales. Il se résolut donc à combattre Umedzu. L'arbitre, le lieu et la date de la rencontre furent alors rapidement choisis.

Décidé à mettre toutes les chances de son côté, Umedzu se rendit en toute hâte dans un sanctuaire Shinto. Il y passa trois jours et trois nuits de suite à pratiquer un rite religieux de purification, cela afin de se préparer au combat et de se concilier les dieux.

Quelqu'un raconta à Seigen tous les détails de la préparation de son adversaire et il lui suggéra d'en faire autant. Mais le Maître sourit tranquillement et déclara : « Je tente à chaque instant de cultiver dans mon cœur la sincérité et l'harmonie intérieure. Ce n'est pas quelque chose que les dieux pourront me donner en des moments critiques. »

Comme cela avait été fixé, les deux combattants étaient au rendez-vous. Le seigneur provincial s'était déplacé en personne avec une grande partie de sa suite pour assister à cette rencontre tant attendue. Accompagné par une foule d'élèves et d'admirateurs, Umedzu portait un boken, un sabre de bois de plus d'1 mètre de long. Seigen, quant à lui, tenait un bâton qui faisait à peine 40 centimètres. Voyant cela, Umedzu s'adressa à l'arbitre pour exiger que son adversaire ait lui aussi un boken réglementaire. Il ne voulait pas que sa victoire soit attribuée à l'arme ridicule de Seigen ! La réclamation fut transmise à ce dernier qui refusa en répondant qu'il se contenterait de son bout de bois. L'arbitre décida finalement que chacun garderait son arme respective.

Umedzu s'élança furieusement dans la bataille par des attaques vigoureuses et répétées. Telle une bête féroce, il bondissait et rugissait. Son arme s'abattait avec une précision redoutable et fauchait avec une vitesse prodigieuse.

Presque nonchalant, le Maître Seigen évitait chaque coup avec la souplesse et la grâce d'un chat. Son regard complètement indifférent ne quittait pas les yeux de l'adversaire, son corps parfaitement détendu paraissait jouer, danser avec le sabre qui le frôlait d'une façon inquiétante. Umedzu, hors de lui, manœuvrait son boken de toutes ses forces et rageait de frapper dans le vide.

Ce fascinant ballet ne dura pourtant pas longtemps. Tout à coup, sans que l'on sache pourquoi, le champion s'immobilisa. Une douleur intense se lisait sur son visage. Le petit bâton du Maître l'avait certainement touché mais personne n'aurait su dire où. Seigen en profita alors pour saisir le boken de son adversaire. L'ayant jeté au loin, il s'apprêtait à quitter l'aire du combat en y laissant Umedzu seul avec sa cuisante défaite. Mais celui-ci, dans un accès de rage, dégaina le poignard qu'il avait gardé à la ceinture et se rua sur le Maître.

Dans un mouvement à peine perceptible, le petit bâton de Seigen siffla dans l'air. Il frappa de nouveau mais, cette fois, Umedzu s'écroula de tout son poids.

Une bombe à retardement

Depuis quelques semaines, un expert de boxe chinoise s'était installé dans un petit village isolé. Il commençait à s'y plaire car la crainte qu'il inspirait aux paysans lui permettait de se comporter en seigneur des lieux. Ce qu'il appréciait par-dessus tout, c'était de voir que personne n'osait lui résister, ni se trouver en travers de son chemin, jusqu'au jour où... un petit vieillard, à la barbe blanche, ne lui céda pas le passage et continua à marcher droit devant. Fidèle à son image de marque, l'expert essaya de bousculer le vieillard mais son corps poussa dans le vide car le vieil homme avait esquivé le geste. Furieux, le boxeur se jeta sur le vieux pour lui distribuer une série de coups. Dans la mêlée qui s'ensuivit, le vieillard tenta maladroitement de parer les coups et il réussit même à toucher légèrement la poitrine de la brute. Mais, ne faisant visiblement pas le poids, il finit par aller rouler dans la poussière. Satisfait de la correction, le champion laissa là le corps inanimé de ce vieil impertinent qui avait osé lui résister. Dès que la brute se fut éloignée, le petit vieux ouvrit un œil, puis deux, se releva, s'épousseta un peu et quitta le village d'un pas tranquille.

Plus les jours passaient, moins le boxeur se sentait en forme. Son corps s'affaiblissait, sa respiration et sa digestion devenaient difficiles et il avait des maux de tête de plus en plus fréquents.

Le jour arriva où, fiévreux et frissonnant, il dut rester au lit. Il n'avait plus la force de bouger, il pouvait à peine parler.

Après avoir longuement réfléchi aux raisons de son état, il ne trouva qu'une explication probable : le léger coup que lui avait porté le vieillard avait certainement atteint un point vital et son effet avait agi à retardement. Comprenant finalement que c'était le vieil homme qui lui avait donné une leçon, il réalisa combien les apparences étaient trompeuses et combien, jusque-là, il avait vécu dans l'illusion de sa force. Pris d'un réel remords, il envoya chercher le vieillard pour lui demander pardon de son inqualifiable conduite et le remercier de lui avoir ouvert les yeux.

Le petit vieux, qui vivait dans un ermitage proche du village, ne tarda pas à arriver. Touché par le repentir sincère du voyou, il décida de le soigner lui-même. Après plusieurs séances de shiatsu (acupuncture digitale) et un traitement de plantes médicinales, le jeune homme fut remis sur pied. Habité d'un véritable besoin de connaissance, il supplia humblement le vieil ermite de l'accepter pour élève.

Il resta ainsi dans l'ermitage jusqu'à la mort de son Maître, et quand il redescendait dans le village, sa présence n'inspirait plus la crainte, mais un paisible respect.

LA GRANDE ÉPREUVE

« Sous l'épée haut levée
L'enfer vous fait trembler
Mais allez de l'avant
Et vous trouverez le pays de félicité. »

MIYAMOTO MUSASHI

Le pratiquant d'Arts Martiaux est très tôt confronté à un problème crucial : celui de la peur. Les combats d'entraînement, bien qu'ils soient amicaux, ne vont pas sans risques. Celui qui a déjà reçu quelques coups ressent une appréhension, une crainte dont les effets sont paralysants : le corps se contracte, l'énergie interne ne circule plus, les réactions sont incontrôlées. Sous l'emprise de cette émotion négative, il n'est plus possible de voir clairement la situation et, donc, d'y faire face de manière adéquate. En cas de réel danger, les conséquences peuvent être dramatiques. Tant que la peur s'empare d'un homme, il ne peut accéder à la véritable maîtrise. Se libérer de la peur est une étape décisive.

Le samouraï, dont le destin était de risquer sa vie quotidiennement, devait rapidement trouver une solution à ce problème. S'il était terrorisé sur les champs de bataille, il perdait alors toute possibilité de faire face efficacement à l'ennemi. C'est pourquoi, le général Kenshin, adepte Zen, avait coutume de dire à ses hommes : « Allez au combat fermement convaincus d'être victorieux, et vous reviendrez chez vous sains et saufs. Engagez le combat complètement décidés à mourir et vous vivrez, car ceux qui se cramponnent à la vie meurent, et ceux qui défient la mort vivent. » Une maxime de Jiu-jutsu exprime la même idée, en d'autres termes : « Pour celui qui s'accroche, la chute arrive certainement, mais pour celui qui ne s'accroche pas, aucune chute n'est à craindre. »

Facile à dire... mais combien difficile à réaliser. Pourtant, il semble que dans des cas désespérés, où la vie est en jeu, l'homme est capable de choses surprenantes. On appelle cela « instinct de conservation ». Dans sa vie courante, l'homme ordinaire n'utilise que très peu ses potentialités, mais face à un danger soudain, il lui arrive de réagir avec une force ou une vitesse insoupçonnées. Sur le point d'être écrasé un frêle vieillard fait un bon prodigieux. Une femme parvient à soulever un énorme poids pour sauver son enfant.

Dans une situation mortelle, tout va très vite : il n'y a pas de place pour le superflu. Chaque fraction de seconde compte, il s'agit d'être présent, ici et maintenant. Les interférences psychologiques ou émotionnelles disparaissent pour laisser une énergie supérieure intervenir. L'être profond s'exprime, le don de soi est nécessaire... Mais une fois l'alerte passée, le danger écarté, la personnalité ordinaire reprend ses « droits ». La peur fera à nouveau son apparition, pour peu de chose, le plus souvent. L'homme retrouve ce problème là où il l'a laissé et il n'est plus capable d'y faire face car il ne peut susciter à volonté son « instinct de conservation ».

Pourtant, les Maîtres affirment qu'il existe une possibilité de se libérer de la peur. Pour cela il est indispensable de la regarder et de voir sa source. Si elle est découverte, la peur disparaîtra en fumée, comme un cauchemar s'évanouit au réveil.

La fissure

Les élèves de Kenkichi Sakakibara, qui enseignait l'Art du sabre, commençaient à se demander sérieusement si celui-ci n'était pas devenu fou. Depuis près d'un mois, il se livrait régulièrement à une curieuse occupation : il essayait de fendre un casque en acier d'un coup de sabre. En vain, car à chaque tentative la lame rebondissait, se tordait ou se brisait sur le casque dont l'acier restait intact.

Sakakibara ne savait-il donc pas que personne n'était capable d'un tel exploit ? Le casque de samouraï était en effet fabriqué dans un acier de qualité supérieure et de telle façon qu'aucune arme ne puisse le transpercer. Il faisait même ricocher les balles de mousquet... Mais il est vrai que les épopées guerrières rapportent que quelques héros d'antan avaient été capables de fendre un casque d'un coup de sabre. En leur mémoire, une cérémonie de kabuto wari (coupe de casque) avait lieu devant l'empereur, chaque année. Les élèves de Sakakibara ignoraient que leur Maître était justement invité à y participer.

La veille du championnat, Sakakibara n'avait toujours pas réussi à couper le casque. Son désespoir était sans borne car il considérait que s'il échouait dans cette épreuve, il serait déshonoré d'avoir trahi la confiance de l'Empereur.

La mort dans l'âme, il se rendit au palais impérial pour la cérémonie de kabuto wari. Les meilleurs experts avaient été invités. Chacun leur tour, ils tentèrent leur chance. Le casque resta intact, sans la moindre trace. Par contre, nombreuses furent les lames brisées.

Il ne restait plus que Sakakibara. Quand ce fut son tour, il s'agenouilla face à l'Empereur en s'efforçant de cacher son désarroi et il salua respectueusement. Il s'approcha ensuite du casque et, sabre en main, resta immobile. Tout reposait désormais sur lui, le dernier, le seul à pouvoir offrir à l'Empereur autre chose qu'un échec. Sachant que ses forces habituelles étaient insuffisantes, il essaya de se concentrer au maximum de ses possibilités. Rien à faire. Il se sentait complètement démuni, vide.

C'est alors que quelque chose céda, s'ouvrit en lui. Une énergie mystérieuse, un Ki irrésistible se répandit dans son être. Ensuite, tout se déroula comme par enchantement. Son sabre se leva lentement au-dessus de sa tête avant de s'abattre avec la vitesse de la foudre. Au même moment, un Kiaï jaillit des profondeurs de son être, un cri qui résonna comme un coup de tonnerre.

Le casque n'avait pas bougé, mais le sabre était intact. Quand le juge examina le casque, il constata qu'il était fendu sur une dizaine de centimètres.

Pourquoi a-t-il réussi là où tant d'autres avaient échoué ? Peut-être, disent certains, parce qu'il était déterminé à accomplir le seppuku (suicide rituel par hara-kiri), s'il échouait...

Entre les mains du Destin

Un grand général, du nom de Nobunaga, avait pris la décision d'attaquer l'ennemi, bien que ses troupes fussent largement inférieures en nombre. Lui-même était sûr de vaincre, mais ses hommes, eux, n'y croyaient pas beaucoup. En chemin, Nobunaga s'arrêta devant un sanctuaire Shinto et déclara à ses guerriers : « Je vais me recueillir et demander l'aide des Kami. Ensuite, je jetterai une pièce. Si c'est face, nous vaincrons mais si c'est pile nous perdrons. Nous sommes entre les mains du Destin. »

S'étant recueilli quelques instants, Nobunaga sortit du temple et jeta une pièce. Ce fut face. Le moral des troupes se regonfla à bloc. Les guerriers, fermement convaincus d'être victorieux, combattirent avec une si extraordinaire intrépidité qu'ils gagnèrent rapidement la bataille.

Après la victoire, l'aide de camp du général lui dit : « Personne ne peut donc changer le

Destin. Cette victoire inespérée en est une nouvelle preuve.

— Qui sait ? » répondit Nobunaga en lui montrant une pièce... truquée, qui avait une face de chaque côté.

Le condamné à mort

Pendant la féodalité japonaise, un homme qui appartenait à la classe des serviteurs avait eu l'imprudence d'importuner un personnage politique extrêmement influent. Ce dignitaire demanda donc au Maître de lui livrer son serviteur, ce qui signifiait, bien entendu, que ce dernier était condamné à mort. Le Maître ne pouvait refuser cette requête qui avait l'allure d'un ordre officiel.

Le Maître proposa tout de même au serviteur : « Je suis vraiment navré d'avoir à vous livrer à cet officiel qui vous punira sans aucun doute de mort. Je ne peux pas faire grand-chose pour vous, si ce n'est de vous proposer ce marché : Prenez un sabre et battez-vous avec moi. Si vous me tuez vous serez libre de vous enfuir. Si vous perdez, vous ne mourrez pas comme un criminel, mais en combattant, comme un guerrier. »

Le serviteur répliqua : « Ce serait insensé. Vous êtes un expert confirmé et en plus profes-

seur renommé. Comment moi, un simple serviteur, qui n'a presque jamais tenu une arme de
ma vie, puis-je espérer vous battre ? »

Le Maître nourrissait secrètement le désir de
combattre avec quelqu'un qui n'aurait aucun
espoir de rester en vie. Il insista : « De toute
façon, qu'avez-vous à perdre ? Tentez votre
chance et laissez-moi voir ce que je pourrai
faire. »

Le serviteur finit par accepter. Les deux
hommes se retrouvèrent face à face, sabre en
main, prêts à un combat à mort.

Très rapidement, le Maître se trouva en
mauvaise posture. Le serviteur, déchaîné, avait
attaqué à corps perdu et s'était jeté à fond dans
la bataille. Contraint de reculer pas à pas, le
Maître était finalement acculé, dos au mur. Il
n'avait plus un instant à perdre car il commençait à être débordé. Rassemblant toute son
énergie, l'expert poussa un cri et donna un
terrible coup de sabre à son adversaire.

Plus tard, le Maître avoua à ses élèves :
« Quel combat désespéré cela a été. J'ai vraiment failli être battu par ce serviteur. Je vous
souhaite de ne jamais avoir à combattre quelqu'un qui est condamné à mort et qui n'a donc
plus rien à perdre. Étant donné ce dont a été
capable ce pauvre bougre inexpérimenté,
qu'est-ce que cela doit être avec un expert de
haut niveau ! »

Un élève demanda : « Quand vous avez

touché le serviteur, aviez-vous découvert une faille dans sa concentration ? »

— « Il n'y avait aucune faille, et c'est un miracle qu'il ait été touché. Le Kiaï que j'ai poussé y est peut-être pour quelque chose... »

Un Maître sans technique

Le grand Maître de sabre, Tajima no Kami, enseignait son art au Shogun (gouverneur impérial). Un des gardes personnels du Shogun vint un jour le trouver pour étudier le maniement du sabre sous sa direction.

— « Autant que j'en puisse juger, dit Tajima, vous êtes vous-même un Maître dans cet art. Dites-moi, je vous prie, de quelle école vous venez. »

Le garde répondit : « Je suis désolé de vous dire que je n'ai jamais appris dans une école. »

— « Vous moquez-vous de moi ? Ne me racontez pas d'histoires, je sais ce que je dis et j'ai une grande expérience des hommes. »

— « Je regrette de mettre en jeu votre réputation, mais je vous certifie que je n'ai jamais appris le maniement du sabre sous la direction d'un Maître, et d'ailleurs j'avoue que je ne connais pas grand-chose à cet art. J'ai bien besoin d'un apprentissage technique. »

L'assurance du visiteur fit réfléchir le Maître

un moment. Il reprit : « Puisque vous le dites, c'est sûrement vrai. Mais je persiste à croire que vous êtes passé maître en quelque chose. Je ne saurais dire en quoi. »

— « Eh bien, puisque vous insistez, je vous dirai ceci : quand j'étais enfant, l'idée m'est venue qu'en tant que samouraï je ne devais en aucune circonstance avoir peur de la mort, et depuis cette époque je n'ai pas cessé, pendant des années, de me frotter à l'idée de la mort. Aujourd'hui, le problème a complètement cessé de me préoccuper. Je l'ai maîtrisé, en quelque sorte. C'est peut-être à cela que vous pensiez ? »

— « Exactement »! s'exclama Tajima no Kami, « c'est cela que je voulais dire. Je suis heureux de ne pas m'être trompé. Être libéré de la peur de la mort est l'un des secrets les plus importants de l'art du sabre. J'ai entraîné des centaines d'élèves, mais peu d'entre eux ont réellement atteint le degré de la maîtrise. Quant à vous, vous n'avez plus besoin d'un entraînement technique, vous êtes déjà un Maître. »

Le Maître de thé
et le ronin

Le seigneur de Tosa se rendit à Yedo, la capitale, pour une visite officielle au Shogun. Il n'avait pu s'empêcher d'emmener avec lui son Maître de Cha no yu, dont il était très fier. Le Cha no yu, la cérémonie du thé, est un Art japonais fortement influencé par le Zen. Chaque geste doit être exécuté avec une très grande concentration. Il s'agit de goûter, grâce à un délicat rituel, le mystère de l' « ici et maintenant ».

Pour être admis au palais, le Maître de thé dut revêtir la tenue des samouraï et donc, porter leur marque distinctive, c'est-à-dire deux sabres. Depuis son arrivée à Yedo, le spécialiste de Cha no yu ne quitta pas le palais. Plusieurs fois par jour il exerçait son Art dans les appartements de son seigneur, à la plus grande joie des invités. Il officia même en présence du Shogun. Or, un jour, le seigneur lui donna la permission de faire un tour en ville. Saisissant cette chance de visiter la capitale, le Maître de thé, toujours habillé en samouraï, s'aventura dans les rues mouvementées de Yedo... Alors qu'il traversait un pont, il fut soudain bousculé par un ronin, l'un de ces guerriers errants qui sont soit de preux chevaliers, soit de fieffés brigands. Celui-là avait l'air d'être de la pire espèce. Il déclara, froidement : « Ainsi, vous êtes un samouraï de Tosa. Je n'apprécie pas beaucoup d'être bousculé de la sorte et j'aimerais donc que nous réglions ce petit différend sabre en main. »

Désemparé, le Maître de thé finit par avouer la vérité : « Je ne suis pas un vrai samouraï, malgré les apparences. Je ne suis qu'un humble spécialiste de Cha no yu qui ne connaît absolument rien au maniement du sabre. »

Le ronin ne voulut pas croire à son histoire. D'autant plus que son véritable but était, en fait, de tirer quelque argent de cette victime dont il avait pressenti la nature peu courageuse. Il resta inflexible et haussa le ton pour impressionner son interlocuteur. Un attroupement ne tarda pas à se former autour des deux hommes. Profitant de l'aubaine, le ronin menaça de déclarer publiquement qu'un samouraï de Tosa était lâche, qu'il avait peur de se battre.

Voyant qu'il était impossible de faire entendre raison au ronin, et craignant que sa conduite porte atteinte à l'honneur de son seigneur, le Maître de thé se résigna à mourir. Il accepta le principe d'un combat. Mais, ne voulant pas se laisser tuer passivement, pour qu'on ne dise pas que les samouraï de Tosa ne savent pas se battre, il eut une idée : se rappelant qu'il était passé quelques minutes plus tôt devant une école de sabre, il pensa qu'il pourrait y apprendre comment tenir un sabre et affronter honorablement une mort inévitable. Il expliqua donc au ronin : « Étant en mission pour mon seigneur, je dois d'abord m'acquitter de mon devoir. Cela risque de prendre encore deux bonnes heures. Auriez-vous la patience de m'attendre ici ? »

Respectant chevaleresquement les règles du Bushido, ou imaginant que sa victime avait besoin de ce temps pour réunir une somme dissuasive, le ronin accorda le délai.

Notre spécialiste de Cha no yu se précipita à l'école qu'il avait remarquée et il demanda à voir le Maître de sabre de toute urgence. Le portier était peu disposé à laisser entrer cet étrange visiteur qui ne paraissait pas être dans son état normal et, surtout, qui n'avait aucune lettre de recommandation. Mais, touché par l'expression tourmentée de l'homme, il décida finalement de l'introduire auprès du Maître. Celui-ci écouta avec beaucoup d'intérêt son visiteur lui raconter sa mésaventure et son désir de mourir en samouraï.

— « Voilà un cas remarquable, unique même », déclara le Maître de sabre.

— « Ce n'est pas le moment de plaisanter », répliqua le visiteur.

115

— « Oh, mais pas du tout, je vous assure. Vous êtes vraiment une exception. D'habitude, les élèves qui viennent me voir veulent apprendre comment manier un sabre et comment vaincre. Vous, vous voulez que l'on vous enseigne l'Art de mourir... Mais avant, pourriez-vous me servir une tasse de thé puisque vous êtes Maître en cet Art incomparable ? »

Le visiteur ne se fit pas prier car c'était certainement pour lui la dernière occasion de pratiquer son art. Paraissant tout oublier de son tragique destin, il prépara soigneusement le thé puis le servit avec un calme surprenant. Il exécutait chacun de ses gestes comme si rien d'autre n'avait d'importance en cet instant.

L'ayant observé attentivement pendant toute la cérémonie, le Maître de sabre fut profondément impressionné par le degré de concentration de son visiteur.

— « Excellent, s'exclama-t-il, excellent ! Le niveau de maîtrise de soi que vous avez atteint en pratiquant votre Art est suffisant pour vous conduire dignement devant n'importe quel samouraï. Vous avez tout ce qu'il faut pour mourir honorablement, ne vous inquiétez pas. Écoutez seulement ces quelques conseils. Dès que vous apercevrez votre ronin, pensez avant tout que vous allez servir du thé à un ami. Après l'avoir salué poliment, remerciez-le pour le délai accordé. Pliez ensuite délicatement votre veste et déposez-la au sol, avec votre éventail dessus, tout comme vous faites pour la cérémonie du thé. Attachez le bandeau de résolution autour de votre tête, relevez vos manches puis, annoncez à votre adversaire que vous êtes prêt pour le combat. Après avoir dégainé votre sabre levez-le au-dessus de la tête tout en fermant les yeux. Il ne vous restera plus qu'à vous concentrer au maximum de vos possibilités pour abaisser vigoureusement votre arme juste au moment où vous entendrez le ronin pousser son cri d'attaque. Je parie que cela finira par un massacre mutuel. »

Le visiteur remercia le Maître de sabre pour ses précieux conseils et il retourna à l'heure dite près du pont où l'attendait le ronin. Suivant les instructions qu'il avait reçues, le spécialiste de Cha no yu se prépara au combat comme s'il était en train d'offrir une tasse de thé à un hôte. Quand il leva le sabre et ferma les yeux, le visage de son adversaire changea d'expression. Le ronin n'en croyait pas ses yeux.

Était-ce bien le même homme qui se trouvait en face de lui ?

Dans un état d'extrême concentration, le Maître de thé attendait le cri qui serait le signal de son dernier mouvement, de son ultime action... Mais au bout de plusieurs minutes qui lui parurent des heures, le cri ne s'était toujours pas fait entendre. N'y tenant plus, notre samouraï improvisé finit par ouvrir les yeux.

Personne... Il n'y avait plus personne en face de lui.

Le ronin, ne sachant comment attaquer ce redoutable adversaire qui ne montrait aucune faille dans sa concentration, ni aucune crainte dans son attitude, avait reculé pas à pas jusqu'au moment où il s'était éclipsé, sans demander son reste et bien content d'avoir pu sauver sa peau.

Au bord du gouffre

Un attroupement s'était formé sur la place du village pour admirer l'habileté d'un archer renommé. Au cours de sa démonstration, il exécutait des tours d'adresse qui témoignaient d'une grande habileté. Par exemple, il était capable de tirer plusieurs flèches de suite tout en gardant une coupe remplie d'eau en équilibre sur son avant-bras.

Chaque exploit était applaudi par une foule enthousiaste. Mais l'archer fut très troublé de constater qu'un homme qui se tenait au premier rang n'avait pas manifesté la moindre admiration depuis le début de la démonstration. Il ne put s'empêcher de l'interpeller et de lui en demander la raison. Un murmure parcourut la foule car l'homme en question était visiblement un adepte taoïste, donc dans l'imagination populaire, un puissant magicien. Quel tour allait-il jouer ?

Le Taoïste se contenta de déclarer : « Votre

tir à l'arc n'est pas mal, techniquement,... mais vous êtes loin de pratiquer le tir sans tirer. »

L'archer se dit en lui-même que c'était bien là une parole de taoïste : hermétique et obscure. Une façon comme une autre de se rendre intéressant. Il se hasarda tout de même à demander une explication : « Où voulez-vous en venir avec cette histoire de tir sans tir ? »

— « Si nous étions en équilibre sur un rocher surplombant un précipice qui tombe à pic sur plus de 100 mètres, seriez-vous capable de tirer aussi bien ? »

L'archer releva le défi. Il suivit le Taoïste dans la montagne. Celui-ci escalada un rocher et il avança au bord d'un gouffre qui faisait plus de 100 mètres de profondeur. Alors, il se retourna et recula jusqu'à ce que les deux tiers de ses pieds dépassent du rocher et restent ainsi dans le vide. Saisissant ensuite la main du fameux archer, il le tira vers lui. L'autre ne se laissa pas faire : il résista de toutes ses forces et il finit par se mettre à plat ventre pour mieux s'agripper au roc. Inondé de sueur de la tête aux pieds, il n'osait plus bouger.

Après lui avoir laissé le temps de se remettre un peu de ses émotions, le Taoïste déclara :

« L'homme accompli s'élance dans l'immensité azurée du Ciel ou plonge dans les tourbillons des sources jaunes, ou même, il s'aventure au-delà des huit limites du Monde sans manifester le moindre signe d'inquiétude. Et vous, bien que fermement cramponné à ce rocher, vous tremblez encore et votre corps est paralysé. Dans ces conditions, comment pouvez-vous espérer atteindre la cible ? »

LA LEÇON
DES MAÎTRES ZEN

Marcher est aussi le Zen...
Que l'on bouge ou que l'on soit immobile
Le corps demeure toujours en paix
Même si l'on se trouve face à une épée
L'esprit demeure tranquille

SHODOKA,
le Chant de l'immédiat Satori

Hojo Tokimune, le shiken (régent) qui repoussa les invasions mongoles au XIIIe siècle, fait partie des plus grands guerriers et chefs d'État que connut le Japon. Il fut aussi l'un des premiers à étudier sous la direction des maîtres Zen et à favoriser le développement de ce courant bouddhique. On raconte qu'un jour il rendit visite à Bukko, célèbre maître Zen, pour lui demander : « Comment puis-je échapper à la peur, ce monstre qui est le pire ennemi de notre vie ? »

— « Supprime la peur à sa source », répondit Bukko.

— « Mais d'où vient-elle ? »

— « Elle vient de Tokimune lui-même. »

— « La peur est ce que je déteste par-dessus tout. Comment peut-elle venir de moi ? » s'exclama Tokimune.

— « Essaye de jeter par-dessus bord ton cher " moi " appelé Tokimune, et regarde alors ce que tu ressens. Je te verrai à nouveau quand tu auras fait cela. »

— « Comment puis-je faire cela ? » insista Tokimune.

— « Fais taire tes pensées. »

— « Comment est-ce possible ? »

— « Assieds-toi jambes croisées en méditation et regarde dans la source de tes pensées ce que tu imagines appartenir à Tokimune. »

— « J'ai une vie publique si remplie qu'il m'est difficile de trouver du temps libre pour méditer. »

— « Quelles que soient les activités dans lesquelles tu es engagé, prends-les comme des occasions pour ta recherche intérieure et un jour, tu découvriras qui est ce cher Tokimune. »

La démarche de Tokimune n'est pas une exception dans l'histoire du Japon. De nombreux guerriers de tout rang s'initièrent au Zen. Parmi les plus grands généraux du XVIᵉ siècle. Kenshin et Shingen furent des adeptes Zen. Le célèbre maître de sabre Tajima no Kami fut le disciple de l'abbé Takuan. Des guerriers plus modestes, même des ronins, fréquentèrent les monastères Zen.

Qu'est-ce qui, dans le Zen, pouvait bien attirer ces rudes samouraï?

L'attitude virile des maîtres Zen est certainement le facteur déterminant de cet attrait. Faisant preuve du plus grand sang-froid, les maîtres Zen ne montraient aucune faiblesse même dans les situations les plus dramatiques. Rien ne semblait les effrayer, pas même la mort. « Quand les pensées sont apaisées, le feu lui-même est frais et rafraîchissant », furent les dernières paroles de l'abbé Kwaisen, juste avant de brûler vif dans son monastère en feu qu'il avait refusé de livrer aux assiégeants.

Les guerriers furent aussi séduits par la méthode essentiellement pratique du Zen qui refuse tout formalisme intellectuel, dogmatique ou rituel. Le Zen n'est ni une philosophie ni une religion; c'est une Voie qui conduit à une expérience décisive : le satori. Le satori est l'éveil à soi-même et à la Réalité.

Le nom Zen dérive du chinois Chan qui est la déformation du mot Dhyana dont la signification en sanscrit est méditation, contemplation. « Le Zen est, dans son essence, l'art de voir dans la nature de son être. Il indique la Voie qui mène de l'esclavage à la liberté. En nous faisant boire directement à la source de vie, il nous libère de tous les jougs sous lesquels, créatures limitées, nous souffrons constamment », explique le professeur Zen D. T. Suzuki. Le Zen détient la clé de la libération, de la réalisation de soi. L'homme peut alors devenir maître des énergies latentes qui l'habitent.

Pour guider l'élève le Maître lui communique des techniques et des conseils. Sa présence est une aide appréciable. Mais son rôle s'arrête là. C'est le disciple qui devra lui-même accomplir le travail nécessaire à l'éveil. Le satori ne peut survenir qu'au moment où les nuages de l'ignorance et de l'illusion sont dissipés. Il s'agit, en fait, d'aller au-delà du dualisme fabriqué par le mental qui déforme la réalité.

En plus de la méditation assise (Zazen) qui est une exploration intérieure dans les profondeurs de l'être et du cosmos, le Zen enseigne des techniques destinées à provoquer une prise de conscience susceptible de faire éclater les « limites du mental ». Il y a ainsi les dialogues (mondo) entre Maîtres et disciples. A la question : « Qu'est-ce que le Zen ? » le Maître répond parfois : « Et toi, qui es-tu ? » ou bien : « Le cyprès est dans le cimetière », à moins qu'il ne se contente de hausser les épaules.

Les « koans » sont, eux, des sortes de rébus, des questions illogiques qui n'ont aucune réponse mentale mais que le disciple est tenu de méditer. Les plus célèbres sont :

— « Toute chose retourne à l'Unique, mais où retourne l'Unique ? »

— « Quand tu frappes des deux mains, le choc

produit un certain son. Quel est le son produit par une seule main ? »

Loin d'être coupé du réel, le Zen est au contraire un art de vivre, qui permet d'être pleinement présent dans chaque geste de la vie quotidienne. Pour parachever leur réalisation intérieure, les moines Zen exécutent eux-mêmes les travaux manuels nécessaires à l'entretien du monastère et pratiquent les Arts traditionnels. C'est pour eux l'occasion de s'exercer à la « méditation en action », à la concentration en mouvement. De nombreux Maîtres Zen pratiquent ainsi, encore de nos jours, les Arts Martiaux afin de réaliser « une union plus étroite entre l'homme et l'instrument, le sujet et l'objet, l'acteur et l'action, l'esprit et le corps ». Le Maître Zen n'est pas seulement celui qui est capable de rester des heures en zazen, c'est avant tout celui qui peut maîtriser harmonieusement tous les domaines de l'existence. La maîtrise d'un Art est une preuve de réalisation intérieure.

Si Zen et Arts Martiaux sont intimement liés au Japon, le Shinto, l'antique religion nationale, demeure la toile de fond du Budo. Les cérémonies et l'autel Shinto ont leur place dans tout Dojo traditionnel. Le Maître Ueshiba a suivi un enseignement d'origine Shinto sous la direction du prêtre Degushi.

Le Taoïsme est la Voie traditionnelle de l'Empire du Milieu.

Le Zen lui-même est une synthèse entre le Bouddhisme indien et le Taoïsme. Véritable alchimie intérieure, l'enseignement taoïste passe par un ensemble de techniques qui conduisent à l'Éveil des énergies latentes en vue d'une regénération de l'adepte. Les méthodes sont proches de celles du Zen : méditation, contrôle du souffle, questions et réponses énigmatiques, et bien sûr, pratique de la méditation en mouvement, de la concentration dans les gestes quotidiens. Pour les Taoïstes, la méditation dans l'activité est mille fois supérieure à la méditation au repos : « C'est seulement quand il y a le calme dans le mouvement que le rythme universel se manifeste. »

Cultivé par les maîtres taoïstes, le Tai Chi Chuan représente l'un des Arts Martiaux les plus achevés. Il est tout à la fois art de combat, thérapeutique, danse symbolique et méditation du corps. Comme l'indique son nom, cet art gouverne l'action de l'énergie dans le corps. Les Maîtres affirment qu'il faut « conserver le Chi originel car de même qu'il maintient la pureté du Ciel et le calme de la Terre, il permet la réalisation d'un Homme ».

Si les chemins d'accès sont divers, les maîtres des Arts Martiaux ont su intégrer à leur pratique les disciplines susceptibles de conduire à l'ultime secret.

« La grande Voie n'a pas de porte
Des milliers de routes y débouchent
Celui qui franchit cette porte sans porte
Marche librement entre le Ciel et la Terre. »

Les portes du paradis

Un samouraï se présenta devant le Maître Zen Hakuin et lui demanda : « Y a-t-il réellement un paradis et un enfer ? »

— « Qui es-tu ? » demanda le Maître.

— « Je suis le samouraï... »

— « Toi, un guerrier ! s'exclama Hakuin. Mais regarde-toi. Quel seigneur voudrait t'avoir à son service ? Tu as l'air d'un mendiant. »

La colère s'empara du samouraï. Il saisit son sabre et le dégaina. Hakuin poursuivit :

— « Ah bon, tu as même un sabre ? ! Mais tu es sûrement trop maladroit pour me couper la tête. »

Hors de lui, le samouraï leva son sabre, prêt à frapper le Maître. A ce moment celui-ci dit :

— « Ici s'ouvrent les portes de l'enfer. »

Surpris par la tranquille assurance du moine, le samouraï rengaina son sabre et s'inclina.

— « Ici s'ouvrent les portes du paradis », lui dit alors le Maître.

De main de Maître

Dokyo Yetan (1641-1721), le plus illustre Maître Zen de son époque, reçut un jour la visite d'un professeur de Ken-jutsu qui lui déclara : « Depuis ma plus tendre enfance je pratique l'Art du sabre. M'étant entraîné intensivement sous la direction de plusieurs Maîtres, j'ai réussi à intégrer parfaitement le style des écoles les plus fameuses. Mais malgré tous mes efforts pour y parvenir, je n'ai pas encore atteint la suprême illumination. Pourriez-vous me donner quelques conseils sur la méthode à adopter ? » Le Maître Zen se leva, s'approcha de son visiteur et il lui demanda à voix basse d'être très attentif pour ne rien perdre de ce qui allait lui être confié. L'homme se pencha alors en avant pour tendre l'oreille... qui reçut une claque magistrale de la main de Dokyo Yetan. Ce dernier enchaîna ensuite par un puissant coup de pied. Avant de comprendre ce qui lui arrivait, le professeur de sabre perdit l'équilibre et le contact du parquet lui procura, paraît-il, un Satori, un Éveil spirituel.

Il faut croire que cette expérience fut décisive pour le visiteur car il ne tarda pas à devenir un Maître réputé. Sa remarquable évolution, qui se manifestait aux yeux de tous dans la pratique de son art, intrigua plus d'un guerrier. Parmi ceux qui lui demandèrent son secret, beaucoup restaient incrédules quand il leur avouait qu'il résidait dans la méthode très spéciale du moine Dokyo Yetan. Quelques-uns décidèrent cependant d'aller vérifier eux-mêmes. Ils ne furent pas déçus du voyage, comme en témoigne le récit qui va suivre.

Trois samouraï de haut rang avaient invité Dokyo Yetan à prendre une tasse de thé avec eux. Ils le questionnèrent longuement sur le Zen mais, comme le Maître répondait d'une façon très énigmatique, l'un des samouraï, quelque peu excédé, s'avança à dire : « Vous êtes sûrement un grand Maître de Zen et à ce sujet nous ne sommes pas de taille à lutter avec vous. Mais, si la question de la concentration nécessaire pour un combat était évoquée, je crains que vous ne puissiez nous battre. »

— « A votre place, je ne serais pas si catégorique. Voyez-vous, la vie m'a plus d'une fois montré qu'il ne fallait jamais conclure avant d'expérimenter », répliqua le moine.

— « Me permettez-vous vraiment de faire un combat avec vous ? » demanda le samouraï après avoir échangé un regard ironique avec ses compagnons.

— « Bien sûr puisque c'est le seul moyen de vérifier si ce que vous avez dit est exact. »

Le guerrier se munit d'un boken (sabre de bois) et il en tendit un au moine. Mais celui-ci refusa en précisant : « Je suis bouddhiste et je ne veux pas porter une arme, fût-elle en bois. Mon éventail fera l'affaire. Frappez sans hésiter. Si vous me touchez, j'admettrai que vous êtes un grand expert. »

Certain de marquer dès les premiers coups et craignant de blesser le vieux moine, le samouraï avait attaqué gentiment, presque au ralenti. Mais peu à peu, il accéléra son rythme car ses attaques se perdaient dans le vide. Voyant que le sabreur commençait à s'épuiser dans ses vaines tentatives, Dokyo Yetan demanda qu'on arrête le combat et il proposa : « Que diriez-vous de m'attaquer tous les trois en même temps ? Ce serait pour moi un excellent exercice et pour vous la chance de me battre. »

Piqués au vif dans leur fierté de guerrier, les samouraï essayèrent par tous les moyens de toucher le Maître. Mais il restait insaisissable. Si ce n'était pas son éventail qui déviait l'attaque, son corps parvenait toujours à s'effacer au dernier moment. Ses trois adversaires finirent par reconnaître leur défaite. Convaincus non par un long sermon mais par cette stupéfiante démonstration, ils entreprirent d'aller voir d'un peu plus près quelle était l'essence du Zen. Inutile de vous dire à qui ils s'adressèrent... Sur le chemin du retour, le jeune novice qui accompagnait le Maître ne put s'empêcher de lui demander quel était son secret pour éviter si habilement des attaques de sabre. Dokyo Yetan expliqua : « Quand la juste vision est exercée et ne connaît aucun blocage, elle pénètre tout, y compris l'Art du sabre. Les hommes ordinaires ne s'occupent que des mots. Dès qu'ils entendent un nom, ils portent un jugement et restent ainsi attachés à une ombre. Mais celui qui est capable de la vraie vision voit chaque objet dans sa propre lumière. Dès qu'il aperçoit le sabre, il comprend aussitôt comment lui faire face. Il affronte la multiplicité des choses et·n'est pas confondu. »

Une conversion originale

Otsuka Tesshin, bien qu'encore jeune, était devenu expert dans le maniement du sabre. Comme il était ambitieux, il désirait se faire connaître en dehors de sa province. Dans ce but, il avait pris la décision d'entreprendre un grand voyage dans tout le pays afin de se mesurer à d'autres experts. Mais avant de partir, il alla saluer le maître Zen Ryuko, supérieur d'un monastère voisin, qu'il connaissait bien. Quand Ryuko apprit le motif de son départ, il dit au jeune Teshin : « Nous vivons dans un monde bien plus vaste que vous ne pouvez l'imaginer. Il doit y avoir beaucoup d'hommes de votre profession qui vous sont supérieurs. L'issue de votre aventure risque d'être désastreuse. » Le jeune homme, entêté, ne semblait pas disposé à revenir sur sa décision. Ryuko continua : « Regardez-moi. Je désirais aussi être mieux connu dans le monde. Je pratique la méditation ici depuis des dizaines d'années, et combien de disciples ai-je aujourd'hui ? Nous devons savoir qui nous sommes et nous satisfaire de notre situation. Un proverbe dit : Ne regrette pas d'être ignoré, mais d'être ignorant. »

Cela exaspéra à tel point Tesshin, qu'il s'exclama, hors de lui : « Pensez-vous que mon art ne vaut rien ? Le maniement du sabre n'a rien à voir avec votre discipline. Si je sors de ma ville natale et défie quelqu'un de très connu dans sa région et si je le bats, l'événement sera naturellement rapporté à ses amis et à ses élèves. Si je remporte de nombreuses victoires dans d'autres régions, ma réputation s'étendra peu à peu dans tout le pays. D'autre part, je sais que j'ai atteint un bon niveau et je n'ai pas peur de défier qui que ce soit sur ma route. »

— « Vous feriez mieux de commencer par celui qui est juste en face de vous. Si vous parvenez à me vaincre, vous pourrez entreprendre un grand tour à travers le pays. Cependant, au cas où vous perdriez, vous devez promettre de devenir moine et d'être mon disciple », proposa le Maître.

Ne pouvant s'empêcher de rire, Tesshin répondit : « Vous vous y connaissez sûrement dans votre Zen, mais vous paraissez ne rien connaître au sabre. Si vous voulez vraiment tenter votre chance, d'accord, je suis prêt. »

Ryuko lui donna alors un bambou et se munit lui-même d'un hossu (bâton avec une touffe de crin de cheval, porté en général par le maître Zen). Tesshin, sûr de lui, essaya de toucher le

Maître avec son bambou. Malgré tous ses efforts, il manqua complètement son but. Exaspéré, il s'acharna. Rien n'y fit. Il frappait toujours dans le vide. Par contre, il sentait, à chacune de ses tentatives, le hossu qui passait doucement au-dessus de sa tête.

Ryuko finit par lui demander : « Quelles sont vos impressions en ce moment ? »

La vantardise de Tesshin avait disparu. Il reconnut humblement sa défaite. Le Maître ne perdit pas de temps et demanda aussitôt à ses assistants d'apporter le nécessaire pour raser le crâne de Tesshin et le transformer en moine.

Le test

Masamune, seigneur de toutes les provinces du nord-est du Japon, était lui-même un étudiant Zen. Il recherchait un bon abbé pour le temple Zen où reposaient les cendres de ses ancêtres et on lui recommanda un certain moine qui résidait dans un insignifiant temple de campagne. Désirant tester le niveau du moine, il l'invita à son château de Sendaï. Le moine, qui s'appelait Rinan, accepta l'invitation et se présenta à la résidence du seigneur Masamune. Après avoir parcouru un long couloir, on lui annonça que le seigneur l'attendait dans l'une des pièces voisines. Il ouvrit alors une porte coulissante pour entrer dans une pièce, mais il n'y trouva personne ; la traversant, il entra dans une autre pièce. Encore personne. Patient, il se dirigea vers une autre porte. Quand il l'ouvrit, le seigneur Masamune lui souhaita la bienvenue d'une bien étrange façon : il l'attendait, sabre en main, visiblement prêt à le frapper. Il demanda au moine : « A quoi pensez-vous à cet instant, entre la vie et la mort ? »

Rinan ne paraissait pas du tout choqué par une telle manière de recevoir. Pour toute réponse, il bondit par-dessous le sabre, et frappa douloureusement Masamune, qui ne s'y attendait pas. Ce dernier, seigneur de la guerre, Maître des provinces du Nord-Est s'exclama : « C'est un jeu dangereux que tu joues ! » Le moine, tout en lui donnant une grande tape dans le dos, lui répliqua : « Quel homme prétentieux tu fais ! »

L'archer et le moine

Un archer parcourait la forêt depuis des heures à la recherche de gibier. Il finit par relever les traces d'un cerf et il se mit à les suivre. En passant près d'un sanctuaire où vivait un Maître Ch'an il rencontra le moine et en profita pour lui demander s'il avait vu passer le cerf qu'il traquait.

— « Ah bon, vous chassez les cerfs », répliqua le vieux moine, « mais, dites-moi, combien pouvez-vous en toucher avec une flèche ? »

— « Un seul », répondit le chasseur.

— « Eh bien, vous vous donnez beaucoup de peine pour si peu. »

— « Que voulez-vous dire ?... Et puis, d'abord, que connaissez-vous au tir à l'arc ? »

— « Je pratique moi-même l'Art du tir », affirma le moine Chian.

— « Alors, combien pouvez-vous en toucher avec une flèche ? » demanda ironiquement le chasseur.

— « Tout le troupeau. »

— « C'est impossible. Ne me racontez pas d'histoires ».

— « Qu'en savez-vous ?... Mais je dois vous avouer qu'il y a une méthode pour parvenir à cela. »

— « Ah oui, et laquelle ? »

— « Il faut apprendre à se tirer soi-même jusqu'à ne plus se manquer. »

— « J'avoue que je ne saurais même pas comment m'y prendre pour me viser. »

On dit que le chasseur, confronté à ce problème apparemment insoluble, eut soudain un éveil, un « satori » comme disent les Maîtres Zen, et il décida de s'attacher aux pas du vieux moine pour apprendre l'art de viser son propre cœur.

VAINCRE SANS COMBATTRE

> *« Celui qui a maîtrisé l'Art n'utilise pas le sabre et l'adversaire se tue lui-même. »*
>
> **TAJIMA NO KAMI**

L es grands Maîtres n'ont cessé de répéter que « la plus haute maîtrise est de vaincre sans combattre ». Ils considéraient que leur art ne devait pas servir à tuer, mais à protéger la vie.

Pour eux, quoi de plus facile que d'utiliser leur écrasante supériorité contre un agresseur ? Alors que se débarrasser d'un attaquant sans le blesser, sans même qu'il y ait un combat, relève de l'exploit. Et, après tout, la véritable efficacité ne consiste-t-elle pas à décourager ou à se concilier l'éventuel adversaire car, comme le dit un proverbe chinois, « un ennemi que tu vaincs reste ton ennemi. Un ennemi que tu convaincs devient ton ami » ?

Vaincre sans combattre n'est pas à la portée du premier venu. « Un homme ordinaire dégainera son sabre s'il se sent ridiculisé et risquera sa vie, mais il ne sera pas appelé un homme courageux. Un homme supérieur n'est pas troublé même dans les situations les plus inattendues, car il a une grande âme et un noble but », aimait à dire Funakoshi Gishin. Celui qui ne peut se dominer face à un danger risque de devenir agressif et de réagir violemment. Il entre ainsi dans le jeu de l'adversaire. Parfois, il peut même croire qu'il est menacé alors qu'il n'en est rien. Tandis que celui qui reste maître de lui dans toutes les situations peut faire face avec toute sa lucidité, tous ses moyens. Réagir violemment est une solution de facilité, rester calme est un tour de force. C'est ce qu'exprime Lao-Tseu dans une des fameuses sentences du Tao-tō king : « Imposer sa volonté à autrui est une démonstration de force ordinaire, se l'imposer à soi, un témoignage de puissance véritable. »

Si, malgré lui, un maître est entraîné dans un combat, il parvient, en fait, à neutraliser son adversaire sans véritablement combattre. L'essence des Arts Martiaux japonais est profondément non-violente. Elle repose en effet sur le principe de non-résistance qui consiste à utiliser l'attaque de l'adversaire pour le mener à sa propre perte. Celui qui se défend, au lieu d'essayer de bloquer le mouvement adverse, l'esquive et le canalise de façon à le retourner contre l'agresseur. Si l'adversaire pousse, il suffit d'esquiver ou de le tirer pour qu'il tombe de lui-même. S'il tire, il n'y a qu'à le pousser. Plus l'attaque est puissante, plus le choc en retour est désastreux. Le principe de non-résistance conduit l'attaquant à devenir la victime de sa propre attaque et à récolter le fruit de ses mauvaises intentions. Quoi de plus juste ?

Le véritable Art Martial, ou selon l'étymologie orientale, l' « Art d'arrêter la lance », est une excellente mise en pratique de ce que les enseignements taoïstes ou Zen appellent le wu-wei. Généralement traduit par « non-agir », le wu-wei signifie plus exactement : laisser faire, agir sans intervenir, sans résister. Pour reprendre une image taoïste : « C'est le principe du wu-wei qui meut toutes choses. Simplement parce que l'essieu ne bouge pas, la roue tourne. »

Dans la tradition orientale, l'eau est l'élément naturel qui symbolise le mieux le wu-wei, la non-résistance :

« L'eau ne s'oppose à personne,
Et ainsi, nul ne peut l'affronter. »
« L'eau cède au couteau sans qu'il puisse la
   déchirer ;
Elle est invulnérable car elle ne résiste pas. »

L'humour, arme du sage

Un petit homme, qui n'était plus très jeune, entra un soir dans un restaurant de l'un des quartiers les plus mal fréquentés de Naha, la capitale d'Okinawa. A peine avait-il franchi la porte qu'il eut juste le temps de contracter ses muscles dorsaux avant de recevoir un coup de poing par-derrière. Le petit homme attrapa aussitôt la main de l'assaillant. La tordant fermement, il traîna tranquillement son agresseur à travers le restaurant, sans même lui jeter un coup d'œil, puis, il commanda de la nourriture et du saké (alcool de riz).

Après avoir bu quelques gorgées avec sa main libre, il tira devant lui son assaillant pour le voir. L'ayant fixé d'un regard neutre, il finit par lui déclarer : « Je ne sais vraiment pas pourquoi vous m'en voulez, jeune homme, mais que diriez-vous de prendre un verre avec moi ? »

Ce petit homme, qui s'appelait Itosu, était l'un des plus fameux Maîtres de Karaté d'Okinawa. Funakoshi Gischin étudia avec lui.

Quelques années après cette mésaventure, Maître Itosu, alors qu'il marchait dans la rue en pleine nuit, reçut un terrible coup de poing dans le dos. Cette fois encore il avait eu le temps de contracter ses muscles et de saisir la main du coupable. Toujours sans se retourner, il traîna sur plusieurs mètres le voyou qui essayait vainement de se dégager.

Visiblement inquiet, le jeune homme s'excusa avec zèle et supplia le Maître de lui pardonner.

Celui-ci se retourna alors, posa ses yeux sur lui et lui dit : « Vraiment, vous n'êtes pas raisonnable. Vous ne devriez pas essayer de faire des tours de ce genre à un vieil homme comme moi. »

Cela dit il relâcha son jeune agresseur et continua paisiblement sa promenade nocturne.

L'école du combat sans arme

Le célèbre Maître Tsukahara Bokuden traversait le lac Biwa sur un radeau avec d'autres voyageurs. Parmi eux, il y avait un samouraï extrêmement prétentieux qui n'arrêtait pas de vanter ses exploits et sa maîtrise au sabre. A l'écouter, il était le champion toutes catégories du Japon. C'est ce que semblaient croire tous les autres voyageurs qui l'écoutaient avec une admiration mêlée de crainte. Tous? Pas vraiment, car Bokuden restait à l'écart et ne paraissait pas le moins du monde gober toutes ces sornettes. Le samouraï s'en aperçut et, vexé, il s'approcha de Bokuden pour lui dire : « Toi aussi tu portes une paire de sabres. Si tu es samouraï, pourquoi ne dis-tu pas un mot »?

Bokuden répondit calmement :

— « Je ne suis pas concerné par tes propos. Mon art est différent du tien. Il consiste, non pas à vaincre les autres, mais à ne pas être vaincu. »

Le samouraï·se gratta le crâne et demanda :

— « Mais alors, quelle est ton école ? »

— « C'est l'école du combat sans arme. »

— « Mais dans ce cas, pourquoi portes-tu des sabres ? »

— « Cela me demande de rester maître de moi pour ne pas répondre aux provocations. C'est un sacré défi. »

Exaspéré, le samouraï continua :

— « Et tu penses vraiment pouvoir combattre avec moi, sans sabre ? »

— « Pourquoi pas ? Il est même possible que je gagne ! »

Hors de lui, le samouraï cria au passeur de ramer vers le rivage le plus proche, mais Bokuden suggéra qu'il serait préférable d'aller sur une île, loin de toute habitation, pour ne pas provoquer d'attroupement et être plus tranquille. Le samouraï accepta. Quand le radeau atteignit une île inhabitée, le samouraï sauta à terre, dégaina son sabre, prêt au combat.

Bokuden enleva soigneusement ses deux sabres, les tendit au passeur et s'élança pour sauter à terre, quand, soudain, il saisit la perche du batelier, puis dégagea rapidement le radeau pour le pousser dans le courant.

Bokuden se retourna alors vers le samouraï qui gesticulait sur l'île déserte et il lui cria : « Tu vois, c'est cela, vaincre sans arme ! »

Trois mouches

Dans une auberge isolée, un samouraï est
installé à dîner, seul à une table. Malgré trois
mouches qui tournent autour de lui, il reste d'un
calme surprenant.

Trois ronin (guerriers vagabonds, sans maître) entrent à leur tour dans l'auberge. Ils
remarquent aussitôt avec envie la magnifique
paire de sabres que porte l'homme isolé. Sûrs
de leur coup, trois contre un, ils s'assoient à
une table voisine et mettent tout en œuvre pour
provoquer le samouraï. Celui-ci reste imperturbable, comme s'il n'avait même pas remarqué la
présence des trois ronin. Loin de se décourager,
les ronin se font de plus en plus railleurs. Tout à
coup, en trois gestes rapides, le samouraï
attrape les trois mouches qui tournaient autour
de lui, et ce, avec les baguettes qu'il tenait à la
main. Puis, calmement, il repose les baguettes,
parfaitement indifférent au trouble qu'il venait
de provoquer parmi les ronin. En effet, non
seulement ceux-ci s'étaient tus, mais pris de

panique ils n'avaient pas tardé à s'enfuir. Ils venaient de comprendre à temps qu'ils s'étaient attaqués à un homme d'une maîtrise redoutable. Plus tard, ils finirent par apprendre, avec effroi, que celui qui les avait si habilement découragés était le fameux maître : Miyamoto Musashi.

L'assassin désarmé

Le seigneur Taïko étudiait le Cha no yu, la cérémonie du thé, avec Sen no Rikyu, un Maître d'une très grande sérénité. Kato, un samouraï de la suite de Taïko, voyait d'un très mauvais œil la passion de son seigneur pour la cérémonie du thé car il estimait que c'était une perte de temps qui nuisait aux affaires d'État. Peu à peu une idée s'imposa à lui : supprimer purement et simplement Sen no Rikyu. Afin d'exécuter son projet il s'arrangea pour être invité par le Maître à boire une tasse de thé en sa compagnie.

Sen no Rikyu, qui avait atteint un très haut niveau de réalisation intérieure grâce à son art, devina au premier regard du samouraï son intention criminelle.

— « Laissez votre sabre à la porte. Vous n'en n'aurez pas besoin pour une paisible cérémonie du thé », expliqua le Maître.

— « Un samouraï ne se sépare jamais de son sabre, quelles que soient les circonstances », répliqua Kato.

— « Très bien, gardez votre sabre et entrons prendre une tasse de thé », répondit finalement le Maître.

Les deux hommes s'assirent face à face et Kato posa son sabre près de lui, à portée de main. Sen no Rikyu commença à préparer le thé. Soudain, il renversa la bouilloire qui était sur le feu. La pièce se remplit de vapeur, de fumée et de cendres, tout cela avec un effroyable sifflement. Paniqué, le samouraï se précipita en dehors de la pièce. Le Maître de thé s'excusa : « C'est ma faute. Revenez prendre une tasse de thé, je vous en prie. Je tiens votre sabre qui est couvert de cendres. Je vais le nettoyer et vous le rendre. » Le samouraï comprit alors qu'il aurait beaucoup de mal à tuer le Maître de thé, et il abandonna son projet.

Une démonstration convaincante

Un ronin rendit visite à Matajuro Yagyu, illustre Maître de l'Art du sabre, avec la ferme intention de le défier pour vérifier si sa réputation n'était pas surfaite.

Le Maître Yagyu tenta d'expliquer au ronin que le motif de sa visite était stupide et qu'il ne voyait aucune raison de relever le défi. Mais le visiteur, qui avait l'air d'être un expert redoutable avide de célébrité, était décidé d'aller jusqu'au bout. Afin de provoquer le Maître, il n'hésita pas à le traiter de lâche.

Matajuro Yagyu n'en perdit pas pour autant son calme mais il fit signe au ronin de le suivre dans son jardin. Il indiqua ensuite du doigt le sommet d'un arbre. Était-ce une ruse pour détourner l'attention ? Le visiteur plaça sa main sur la poignée de son sabre, recula de quelques pas avant de jeter un coup d'œil dans la direction indiquée. Deux oiseaux se tenaient effectivement sur une branche. Et alors ?

Sans cesser de les regarder, le Maître Yagyu

respira profondément jusqu'à ce qu'il laisse jaillir un Kiaï, un cri d'une puissance formidable. Foudroyés, les deux oiseaux tombèrent au sol, inanimés.

— « Qu'en pensez-vous ? » demanda Matajuro Yagyu à son visiteur.

— « In... incroyable... », balbutia le ronin, visiblement ébranlé comme si le Kiaï l'avait lui aussi transpercé.

— « Mais vous n'avez pas encore vu le plus remarquable... »

Le second Kiaï du Maître Yagyu retentit alors. Cette fois, les oiseaux battirent des ailes et s'envolèrent.

Le ronin aussi.

Le cœur de saule

Le médecin Shirobei Akyama était parti en Chine pour étudier la médecine, l'acupuncture et quelques prises de Shuai-Chiao, la lutte chinoise.

De retour au Japon, il s'installe près de Nagasaki et se met à enseigner ce qu'il avait appris. Pour lutter contre la maladie il emploie de puissants remèdes. Dans sa pratique de la lutte il utilise beaucoup sa force. Mais devant une maladie délicate ou trop forte, ses remèdes sont sans effets. Contre un adversaire trop puissant, ses techniques restent inefficaces. Un à un ses élèves l'abandonnent. Shirobei, découragé, remet en question les principes de sa méthode. Pour y voir plus clair, il décide de se retirer dans un petit temple et de s'imposer une méditation de cent jours.

Pendant ses heures de méditation il bute contre la même question, sans pouvoir y répondre : « Opposer la force à la force n'est pas une solution car la force est battue par une force plus forte. Alors, comment faire ? »

Or, un matin, dans le jardin du temple où il se promène, alors qu'il neige, il reçoit enfin la réponse tant attendue : après avoir entendu les craquements d'une branche de cerisier qui cassa net sous le poids de la neige, il aperçoit un saule au bord de la rivière. Les branches souples du saule ployent sous la neige jusqu'à ce qu'elles se libèrent de leur fardeau. Elles reprennent alors leur place, intactes.

Cette vision illumine Shirobei. Il redécouvre les grands principes du Tao. Les sentences de Lao-Tseu lui reviennent en tête :

> Qui se plie sera redressé
> Qui s'incline restera entier

> Rien n'est plus souple que l'eau
> Mais pour vaincre le dur et le rigide
> Rien ne la surpasse

> La rigidité conduit à la mort
> La souplesse conduit à la vie

Le médecin de Nagasaki réforme complètement son enseignement qui prend alors le nom de Yoshinryu, l'école du cœur de saule, l'art de la souplesse, qu'il apprendra à de nombreux élèves.

Laisser mûrir le coq

Le roi de Tcheou avait confié à Chi Hsing Tseu le dressage d'un coq de combat prometteur, qui paraissait doué et combatif. Le roi était donc en droit de s'attendre à un dressage rapide... et il ne comprenait vraiment pas que dix jours après le début de l'entraînement il n'ait toujours pas eu de nouvelles des progrès du volatile. Il décida d'aller en personne trouver Chi pour lui demander si le coq était prêt.

— « Oh non, sire, il est loin d'être suffisamment mûr. Il est encore fier et coléreux », répondit Chi.

De nouveau dix jours passèrent. Le roi, impatient, se renseigna auprès de Chi qui lui déclara :

— « Le coq a fait des progrès, majesté, mais il n'est pas encore prêt car il réagit dès qu'il sent la présence d'un autre coq. »

Dix jours plus tard, le roi, irrité d'avoir déjà tant attendu, vint chercher le coq pour le faire combattre. Chi s'interposa et expliqua :

— « Pas maintenant, c'est beaucoup trop tôt ! Votre coq n'a pas complètement perdu tout désir de combat et sa fougue est toujours prête à se manifester. »

Le roi ne comprenait pas très bien ce que radotait ce vieux Chi. La vitalité et la fougue de l'animal n'étaient-ils pas la garantie de son efficacité ?! Enfin, comme Chi Hsing Tseu était le dresseur le plus réputé du royaume, il lui fit confiance malgré tout et attendit.

Dix jours s'écoulèrent. La patience du souverain était à bout. Cette fois, le roi était décidé à mettre fin au dressage. Il fit venir Chi et le lui annonça sur un ton qui trahissait sa mauvaise humeur. Chi prit la parole en souriant pour dire :

— « De toute façon, le coq est presque mûr. En effet, quand il entend chanter d'autres coqs il ne réagit même plus, il demeure indifférent aux provocations, immobile comme s'il était de bois. Ses qualités sont maintenant solidement ancrées en lui et sa force intérieure s'est considérablement développée. »

Effectivement, quand le roi voulut le faire combattre, les autres coqs n'étaient visiblement pas de taille à lutter avec lui. D'ailleurs, ils ne s'y risquaient même pas car ils s'enfuyaient dès qu'ils l'apercevaient.

L'ULTIME SECRET

« *Celui qui gagne le secret du Budo a l'univers en lui-même et peut dire : je suis l'univers. C'est pourquoi, quand quelqu'un essaye de me combattre, il affronte l'univers lui-même, il doit en rompre l'harmonie. Mais à l'instant où il a la pensée de se mesurer à moi, il est déjà vaincu.* »

UESHIBA MORIHEI

Aussi mystérieux que puisse être leur secret, les grands Maîtres ont laissé à son sujet des témoignages significatifs, d'une simplicité désarmante...

« La véritable cible que l'archer doit viser est son propre cœur », nous dit une maxime du Kyudo, la Voie du tir à l'arc. Kokoro signifie en japonais le cœur, mais aussi l'esprit, l'être. Comme le cœur physique est ancré dans le corps, le kokoro est ce centre de l'homme qui fait palpiter son être profond, sous l'écorce des apparences.

Comme des guides de haute montagne, les Maîtres indiquent le Chemin, les étapes pour parvenir à viser son propre cœur. Takuan, célèbre Maître Zen, enseignait à son non moins illustre disciple Tajima no Kami, professeur de sabre du Shogun, que la Voie du cœur commence par la « non-dispersion de l'énergie », la véritable « con-centration ». Il explique en effet que si le Ki est dirigé sur les mouvements de l'adversaire, il est hypnotisé par eux ; s'il est dirigé sur la défense, il est pris par l'idée de défense. Le Ki prisonnier, on est à la merci de l'adversaire. Pour le libérer, Takuan préconise de le laisser remplir tout le corps, le laisser traverser la totalité de l'être. Alors, s'il est nécessaire d'utiliser les mains ou les jambes, aucun temps ni aucune énergie ne seront perdus. La réponse adaptée aux circonstances sera instantanée, immédiate comme l'étincelle. Si la fluidité du Ki est préservée en le gardant libre des délibérations mentales et des réactions émotionnelles, il agira là où il est nécessaire, avec la rapidité de l'éclair.

Les Japonais appellent Munen ou Muso, c'est-à-dire « non-mental », « non-ego », cette fluidité du Ki. Leur tradition compare cet état à la clarté de la lune qui, bien qu'unique, se reflète partout où il y a de l'eau, sans discrimination, instantanément.

Tout comme le Maître Takuan conseille de laisser le Ki remplir la totalité du corps, les Taoïstes et les Maîtres de Tai Chi affirment que le corps humain est semblable à la terre : il possède des rivières souterraines ; « si ces rivières ne sont pas obstruées, l'écoulement de l'énergie se fait naturellement ». Cette sagesse du corps semble oubliée par un trop grand nombre d'experts contemporains qui confondent « maîtrise du corps » avec musculation, durcissement, résistance et condition physique « à tout casser ». Les adeptes taoïstes ne cessent pourtant pas de mettre en garde : « Un pratiquant du Tao préserve son corps physique avec le même soin que pour une pierre précieuse car sans le corps, le Tao ne peut être atteint. »

La Voie des Arts Martiaux repose en effet complètement sur un travail avec le corps, une méditation du corps. Le corps peut servir de réceptacle à une énergie qui œuvrera à l'intérieur et accomplira une mystérieuse alchimie.

« Si l'Adepte harmonise le petit univers qu'est son corps, il sera alors en harmonie avec le Cosmos », déclarent les Taoïstes. « La Voie des Arts Martiaux est de faire du cœur de l'Univers son propre cœur ; ce qui signifie être uni avec le centre de l'Univers. » Telle est la stupéfiante affirmation de Maître Ueshiba.

La Science ésotérique, commune à toutes les grandes Traditions, enseigne que l'homme est un microcosme, c'est-à-dire un modèle réduit de l'Univers, du macrocosme. L'être humain contiendrait à l'état latent toutes les dimensions de l'Univers, il obéirait aux mêmes lois, aux mêmes rythmes. L'art de viser son propre cœur conduirait à s'harmoniser soi-même en vue de se « brancher » à la source du Ki originel. On dit que les grands Maîtres ont déchiré l'écran étouffant de l'ego pour laisser le souffle de l'Univers traverser leur être. La magie du Tao opère à travers eux. Par le wu-wei, la non-résistance, ils maîtrisent « l'Art sans artifice ».

 « Sur le passage d'un Maître, les chiens n'aboient pas », dit un proverbe oriental. Réconcilié avec lui-même et avec l'Univers, « il absorbe l'autre dans son propre cœur », nous confie Maître Ueshiba. La présence d'un tel Homme harmonise ce qui l'entoure.

 « D'une extrémité de son arc, l'archer perce le Ciel, de l'autre, la Terre, et la corde qui les relie lance la flèche au cœur de la Cible visible et invisible. » L'Archer, c'est l'Homme véritable qui selon le livre des rites chinois joue un rôle dans la Création, au même titre que le Ciel et la Terre : « Le Ciel engendre, la Terre nourrit et l'Homme accomplit. » L'Homme qui pratique l'Art de viser son Cœur réintègre sa vraie place : être un trait d'Union entre l'esprit et le corps, le Ciel et la Terre.

 La Voie des Arts Martiaux, telle qu'elle est enseignée par les rares Maîtres authentiques, à ne pas confondre avec les imitations, est donc l'un des fils d'Ariane qui peut conduire à la clé permettant de relever le défi.

 De toute façon, répètent les Maîtres, quelle que

soit la Voie choisie pour résoudre l'énigme posée par l'Univers, par notre propre existence, la grande Aventure n'est possible que par une expérience vécue, au prix d'un apprentissage intensif sous la direction d'un Maître véritable. Mais il faut savoir, ajoutent-ils, que l'Ultime Réalité ne peut être communiquée ni par des mots ni par des symboles. Un guide expérimenté peut conseiller, encourager, mais le secret ne peut être transmis d'un homme à un autre ; il doit être conquis.

« Ce que vous aurez appris en écoutant les paroles des autres, vous l'oublierez bien vite.
Ce que vous aurez compris avec la totalité de votre corps, vous vous en souviendrez toute votre vie. »

FUNAKOSHI GISHIN

« Connaître quelque chose veut dire l'expérimenter concrètement.
Un livre de cuisine ne supprimera pas votre faim. »

TAKUAN

Le regard désabusé

Dans une boutique de Naha, capitale d'Okinawa, un artisan gagne sa vie en gravant les objets qu'on lui apporte. La quarantaine passée, il a conservé une musculature puissante qui lui donne une apparence redoutable.

Un homme, qui ne paraît pas avoir plus de 30 ans, entre un jour dans sa boutique pour lui commander une gravure. L'homme est grand, a fière allure, mais ce sont surtout ses yeux étranges qui retiennent l'attention. Son regard, fascinant comme celui d'un aigle, exprime pourtant ce jour-là une profonde amertume.

L'artisan ne tarde pas à lui demander : « Pardonnez ma curiosité, monsieur, mais n'êtes-vous pas Matsumura, le célèbre professeur de Karaté ? »

— « Si, en effet. Pourquoi ? »

— « J'en étais sûr, s'exclama le graveur, voyez-vous, il y a longtemps que j'espérais pouvoir prendre des leçons de Karaté avec vous. »

— « Impossible, je n'enseigne plus. Je ne veux même plus entendre parler de Karaté », telle est la stupéfiante réponse de Matsumura.

— « Je ne comprends pas. Vous êtes pourtant l'instructeur de Karaté du chef du clan. »

— « Je l'étais. C'est justement le chef du clan qui m'a fait passer l'envie d'enseigner le Karaté. »

— « Vous êtes l'un des meilleurs professeurs du pays. Décidément, je ne comprends pas. »

— « C'est pourtant simple. Le chef du clan a d'énormes défauts dans sa pratique du Karaté. Sa vanité l'empêche de les reconnaître et sa négligence de les corriger.

« Je ne savais plus trop comment m'y prendre avec lui. La dernière fois, je lui demandai de m'attaquer afin de corriger ses défauts. Il passa à l'offensive, faute que n'aurait pas commise un débutant, par un coup de pied sauté. Je le cueillai en plein vol par un shuto (coup avec la main ouverte) et il alla rouler sur le plancher, à moitié assommé. Voilà, c'est ainsi que j'ai perdu mon emploi. »

— « Je vois... Mais ne vous en faites pas, il vous reprendra sûrement à son service. Il peut difficilement trouver meilleur instructeur que vous. »

— « Je ne crois pas qu'il voudra me pardonner. De toute façon, j'ai décidé de ne plus enseigner. »

— « Stupide. Vous devriez savoir qu'il y a

des hauts et des bas dans la vie. J'ai d'ailleurs la ferme intention de prendre des leçons avec vous. »

— « Ne comptez pas là-dessus, coupe sèchement Matsumura, et puis, un expert comme vous n'a pas de leçon à recevoir de moi. »

Le graveur était effectivement lui aussi un expert réputé.

— « Qu'en savez-vous ? insiste le graveur, vous avez peut-être beaucoup à m'apprendre. »

— « Vous commencez à m'agacer sérieusement ! » s'écrie Matsumura.

— « Si vous n'acceptez pas de me donner une leçon, vous m'accorderez bien un combat », s'aventure l'artisan.

— « Quoi ?! Vous vous sentez bien ? »

— « Ne me dites pas que vous avez peur... ! Bien sûr, me faire mordre la poussière ne sera pas aussi facile qu'avec le chef du clan ! »

— « Il paraît que vous êtes très fort, mais ne croyez-vous pas que vous jouez un jeu dangereux ! Avez-vous pensé aux risques d'un combat qui se déroule entre la Vie et la Mort ? Vous connaissez certainement le vieux proverbe qui dit que quand deux tigres combattent, l'un sera blessé, l'autre tué ! »

— « J'accepte le risque. Et vous ? »

— « Quand vous voudrez », répond Matsumura.

Le lendemain matin, aux premières lueurs de l'aube, les deux hommes se font face dans un champ isolé. Le graveur s'est mis en garde, de façon à ne laisser aucune ouverture. Par contre, Matsumura a pris une position naturelle (shizen taï), les bras ballants. Est-il devenu fou pour se tenir dans une posture si vulnérable ? La question n'effleure qu'un court instant l'esprit de l'artisan qui se prépare à passer rapidement à l'attaque. Doucement, avec précaution, il s'avance vers son adversaire qui ne bouge pas d'un pouce. Soudain, au moment même où il allait bondir, le graveur tombe à la renverse, comme sous le choc d'une terrible force.

Matsumura n'a pourtant pas esquissé un seul geste. Il est toujours là, les bras ballants.

Des gouttes de sueur perlent sur le front du graveur tandis qu'il redresse sa tête devenue livide et entreprend de se mettre debout. Que lui est-il donc arrivé ? Il lui paraît avoir été terrassé par le regard insoutenable que lui a jeté Matsumura, regard qui l'a atteint jusque dans ses entrailles. Est-ce possible ? Le pauvre artisan n'en revient pas. Mais il ne peut abandonner, son honneur est en jeu. Il se remet donc en garde et avance. A peine a-t-il fait quelques pas qu'il s'arrête, incapable d'aller plus loin. Fasciné par le regard de Matsumura, il est comme pris au piège, comme vidé de sa substance.

Ne pouvant détacher ses yeux de ceux de l'adversaire, le graveur tente un suprême effort pour briser cette fascination : il pousse, de tout ce qui lui reste de force, un kiaï... Sans effet. Les yeux de Matsumura n'ont même pas cillé. Désespéré, le graveur abaisse sa garde et se met à reculer.

— « Il serait temps de passer à l'attaque, autrement qu'en criant », lui dit en souriant Matsumura.

— « C'est incroyable. Cela me dépasse. Moi qui n'ai jamais perdu un seul combat... Mais tant pis, il faut en finir. Mieux vaut mourir que perdre la face », murmure l'artisan avant de lancer son attaque suicide. Il n'a même pas le temps d'exécuter son mouvement : il est arrêté dans son élan par un kiaï de Matsumura, un cri fantastique venu des profondeurs de l'être, d'un autre monde.

Gisant sur le sol, comme paralysé, le graveur balbutie plusieurs fois les mêmes mots avant de pouvoir se faire entendre : « J'abandonne, j'abandonne,... » L'artisan tourne ensuite péniblement sa tête vers son vainqueur et lui déclare piteusement : « Quel insensé j'ai été de vouloir vous provoquer. Mon niveau est ridicule à côté du vôtre. » — « Je ne crois pas, répond Matsumura, je suis certain que vous avez un excellent niveau. Dans d'autres conditions, je crains que j'aurais pu être battu. »

— « N'essayez pas de me consoler. J'ai perdu toutes mes forces rien qu'en sentant votre regard me transpercer. »

— « C'est possible, explique Matsumura, mais je crois que la raison est la suivante : vous n'étiez décidé qu'à gagner ; j'étais tout à fait déterminé à mourir si je perdais. Là est toute la différence entre nous. Hier, quand je suis entré dans votre boutique, j'étais complètement absorbé par ma mélancolie, mes ennuis avec le chef du clan. Quand vous m'avez provoqué, ces petites tracasseries se sont évanouies. J'ai réalisé qu'elles étaient des détails sans réelle importance. Votre défi m'a remis en face de l'essentiel.

L'enseignement
du vénérable Chat

(Cet étrange récit est tiré d'un vieux livre sur l'art du sabre, écrit probablement par un Maître du XVIIe siècle, de l'école Ittoryu. D'inspiration taoïste et zen, ce « conte philosophique » contient l'essentiel du secret des Arts Martiaux.)

Shoken, un expert dans l'art du sabre, était importuné depuis quelques jours par un rat qui s'était installé chez lui. Les meilleurs chats des alentours avaient été invités dans la maison, transformée en arène, pour l'occasion. A la surprise générale cela se terminait toujours par le même scénario : le chasseur, terrifié par les attaques du rat, finissait par prendre la fuite en miaulant.

L'expert, désespéré, décida de tuer lui-même la terrible bête. Armé de son sabre, Shoken passa à l'attaque. Mais le rat, vif comme l'éclair, esquivait tous les coups. Shoken s'acharna. Le rat restait intouchable. En sueur, et à bout de souffle, l'expert finit par renoncer. Allait-il devoir abandonner une partie de sa maison à ce maudit rat? Cette perspective le rendait de plus en plus ténébreux. Or, un jour, il entendit parler d'un chat qui avait la réputation d'être le plus grand chasseur de rats de la province... Quand Shoken vit le fameux chat tout ce qui lui restait d'espoir l'abandonna car l'animal, qui n'était plus tout jeune, ne payait vraiment pas de mine. N'ayant plus rien à perdre, il le laissa pénétrer dans la pièce où sévissait le rat. Le chat entra tout doucement, d'un pas tranquille, comme si de rien n'était. Quand le rat l'aperçut, il resta pétrifié sur place, visiblement terrorisé. Le chat s'approcha calmement de lui, l'attrapa sans effort et sortit de la pièce en le tenant dans sa gueule.

Le soir, tous les chats qui avaient participé à la chasse au rat se réunirent dans la maison de Shoken. Le grand Chat, héros du jour, fut respectueusement invité à la place d'honneur. L'un des chats prit la parole : « Nous sommes considérés comme les chats les plus expérimentés du village. Mais aucun d'entre nous n'a réussi à faire ce dont vous avez été capable avec ce terrible rat. Votre maîtrise est vraiment extraordinaire. Nous brûlons tous d'impatience de connaître votre secret. »

Le vénérable Chat répondit : « Avant de tenter de vous indiquer les principes du Grand Art, la direction de la Voie, j'aimerais entendre ce que vous-mêmes avez compris et comment vous vous êtes entraînés. »

Le chat noir se leva et dit : « Né dans une célèbre famille de chasseurs de rats, j'ai été entraîné depuis mon enfance à cet art. Je suis capable de faire des bonds de deux mètres, de me faufiler dans un trou à rat, bref, je suis devenu expert en toutes sortes d'acrobaties. D'autre part, je connais un grand nombre de ruses et j'ai plus d'un tour dans mon sac. J'ai honte d'avoir eu à battre en retraite devant ce vieux rat. » Le grand Chat expliqua : « Vous n'avez appris que la technique. Vous êtes seulement préoccupé de savoir comment combiner votre attaque. Les anciens Maîtres ont en fait inventé la technique à seul fin de nous initier à la méthode la plus appropriée pour exécuter le travail. La méthode est naturellement simple et efficace. Elle contient tous les aspects essentiels de l'Art. L'efficacité technique n'est pas le but de l'Art. Elle n'est qu'un moyen qui doit rester en accord avec la Voie. Si la Voie est négligée, et si l'efficacité prime, l'Art du Combat ne tarde pas à dégénérer et à être utilisé n'importe comment. N'oubliez jamais cela. »

Le chat tigré s'avança pour donner son avis : « Selon moi, le plus important dans l'Art du Combat, c'est le *ki*, l'énergie, l'esprit. Je me suis longtemps entraîné à le développer. Je possède maintenant l'esprit le plus puissant, celui qui remplit le Ciel et la Terre. Dès que je fais face à un adversaire, mon ki s'impose à lui et ma victoire est assurée avant que le combat commence. Même quand un rat court sur une poutre, je peux le capturer : il me suffit de diriger mon ki sur lui pour le faire tomber. Mais avec ce mystérieux rat, rien à faire... Cela me dépasse. »

Le vénérable Chat répliqua : « Vous êtes capable d'utiliser une grande partie de vos pouvoirs psychiques, mais le simple fait d'en avoir conscience travaille contre vous. Opposer votre puissant psychisme à l'adversaire n'est pas une solution car vous risquez de rencontrer plus fort que vous. Vous dites que votre esprit remplit le Ciel et la Terre, mais vous vous trompez. Ce n'est pas l'esprit lui-même, ce n'est que son ombre. Il ne faut pas confondre le psychisme et l'esprit. Le véritable esprit est un flot d'énergie inépuisable qui coule comme un fleuve alors que la force du vôtre dépend de certaines conditions à la manière des torrents qui ne vivent que le temps d'un orage. Cette différence d'origine implique une différence de résultats. Un rat traqué se montre souvent plus combatif qu'un chat qui l'attaque. Il est aux aguets et tout son être incarne l'esprit de combat. Presque aucun chat n'a de chance de briser sa résistance. »

Le chat gris prit la parole à son tour : « Comme vous venez de le dire, un esprit est toujours accompagné par son ombre et, quelle que soit sa force, l'ennemi peut profiter de cette ombre. Je me suis longtemps entraîné en ce sens : ne pas résister à l'adversaire mais, au contraire, chercher à utiliser sa force pour la retourner contre lui. Grâce à ma fluidité, même les rats les plus puissants ne parviennent pas à m'atteindre. Mais cet étonnant rat ne s'est pas laissé prendre au piège de mon attitude de non-résistance. »

Le vieux Chat répondit : « Ce que vous appelez l'attitude de non-résistance n'est pas en harmonie avec la Nature : il s'agit d'un truc fabriqué dans votre mental. La non-résistance artificielle nécessite une volonté psychique qui interfère avec la qualité de vos perceptions et qui bloque la spontanéité de vos mouvements. Pour laisser la Nature se manifester à fond, il est nécessaire de vous débarrasser de toute contrainte mentale. Quand la Nature suit son propre chemin et agit à sa guise en vous, il n'y a plus aucune ombre, aucun flottement, aucune faille dont puisse profiter l'adversaire...

« Bien que n'étant qu'un simple chat qui ne connaît pas grand-chose des affaires humaines, permettez-moi d'évoquer l'Art du sabre pour exprimer quelque chose de plus profond. L'Art du sabre ne consiste pas seulement à vaincre l'adversaire. C'est avant tout l'Art d'être conscient, au moment critique, de la cause de la vie et de la mort. Un samouraï doit s'en souvenir et s'exercer à un entraînement spirituel aussi bien qu'à la technique du combat. Il doit donc essayer de pénétrer la cause de la vie et de

179

la mort. Quand il a atteint ce niveau d'être, il est libre de toute pensée égoïste, il ne nourrit aucune émotion négative, il ne calcule ni ne délibère. Son esprit est alors non résistant et en harmonie avec ce qui l'entoure.

« Quand vous êtes parvenu à l'état de non-désir, l'esprit, qui est par nature sans forme, ne contient aucun objet. Le Ki, l'énergie spirituelle, se répand alors sans blocage, d'une manière équilibrée. Si, par contre, un objet l'attire, l'énergie bascule et s'écoule dans une seule direction tandis qu'il y a manque dans une autre. Là où il y en a trop, cela déborde et ne peut être contrôlé. Là où il y a un manque, ce n'est pas suffisamment nourri et cela se ratatine. Dans les deux cas, vous vous trouvez dans l'impossibilité de faire face aux situations qui sont en perpétuel changement. Mais là où prévaut le « non-désir », l'esprit n'est pas pompé dans une seule direction, il transcende à la fois le sujet et l'objet. »

Shoken posa alors cette question : « Que doit-on entendre par " transcender le sujet et l'objet " » ? Le vénérable Chat déclara : « Parce qu'il y a un moi, il y a aussi un ennemi. Quand il n'y a pas de moi, il n'y a plus d'ennemi. Si vous collez un mot sur les choses, si vous les enfermez dans une forme fixe et artificielle, elles paraissent exister en opposition. Le mâle s'oppose à la femelle, le feu à l'eau. Mais quand il n'y a aucun jugement qui se manifeste dans votre mental, aucun conflit d'opposition ne peut y prendre place. Il n'y a plus alors ni moi ni ennemi. Quand le mental est dépassé, vous goûtez un état d'absolu « non-faire », vous êtes en sereine harmonie avec l'univers, vous êtes un avec lui. Vous ne faites plus aucun choix entre vrai ou faux, plaisant ou déplaisant. Vous êtes libre du monde dualiste fabriqué dans votre mental. Mais quand un tout petit grain de poussière entre dans l'œil, nous ne pouvons plus le garder ouvert. L'esprit est semblable à l'œil . dès qu'un objet y pénètre, son pouvoir est perdu.

« Voilà tout ce que je peux vous expliquer ici. C'est à vous d'en expérimenter la vérité. La vraie compréhension se trouve en dehors de tout enseignement écrit. Une transmission spéciale d'homme à homme est nécessaire mais de toute façon la vérité ne s'atteint que par soi-même. Enseigner n'est pas très difficile, écouter non plus, mais il est vraiment difficile de devenir conscient de ce qui est en vous. Le « satori », l'éveil, n'est rien d'autre que le fait de voir au-dedans de son être. Le satori est la fin d'un rêve. L'éveil, la réalisation de soi et voir au-dedans de son être ne sont, ni plus ni moins, que des synonymes. »

TABLE

Contes et récits des arts martiaux

« *Spiritualités vivantes* »
Collection fondée par Jean Herbert

au format de poche

DERNIERS TITRES PARUS

Composition et impression Bussière
en mars 2006
Editions Albin Michel
22, rue Huyghens, 75014 Paris
www.albin-michel.fr
N° d'édition : 22847. – N° d'impression : 061142/1.
Dépôt légal : octobre 1984.
ISBN : 2-226-02120-5
ISSN : 0755-1835
Imprimé en France.